Consuelo de Saint-Exupéry

Das Buch

Schon als junges Mädchen verspürte die in El Salvador als Tochter eines Plantagenbesitzers geborene Consulo Suncin den Wunsch, der Enge ihrer Heimat zu entfliehen. Fast magisch fühlte sie sich angezogen von den berühmten Männern ihrer Zeit. Mit 19 Jahren begegnete sie ihrem Idol Rudolfo Valentino; für den mexikanischen Schriftsteller, Philosophen und Politiker José Vasconcelos war sie nicht nur Geliebte, sondern auch »tropische Scheherazade« und Dichtermuse; der belgische Schriftsteller Maurice Maeterlinck war verzaubert von ihrer Intelligenz und ihrem feenhaften Wesen. Als Zwanzigjährige bewegte sie sich in den Kreisen der Pariser Boheme, ehrgeizig, verführerisch, stark und zerbrechlich zugleich.
Welten schienen die lebenshungrige, vergnügungssüchtige Consuelo und den eher verträumen Flieger und Schriftsteller Antoine de Saint-Exupéry zu trennen, als sie sich 1930 in Buenos Aires begegneten. Und doch war dies der Beginn einer der schönsten und verzehrendsten Liebesgeschichten des 20. Jahrhunderts. Paul Webster erzählt die ganze Lebensgeschichte dieser außergewöhnlichen Frau und löst dabei ein Rätsel der Weltliteratur: Die Rose des »Kleinen Prinzen« ist Consuelo selbst – Symbol einer unvergänglichen und von manchem Sturm bedrohten Liebe.

Der Autor

Der Essayist und Journalist Paul Webster ist in Frankreich als Auslandskorrespondent für den *Guardian* tätig. 1993 erschien seine Biographie über Antoine de Saint-Exupéry.

Paul Webster

Consuelo de Saint-Exupéry

Das Leben der Rose des »Kleinen Prinzen«

Aus dem Französischen
von Barbara Röhl

List Taschenbuch

Besuchen Sie uns im Internet:
www.ullstein-taschenbuch.de

Dieses Taschenbuch wurde auf FSC-zertifiziertem Papier gedruckt.
FSC (Forest Stewardship Council) ist eine nichtstaatliche,
gemeinnützige Organisation, die sich für eine ökologische und
sozialverantwortliche Nutzung der Wälder unserer Erde einsetzt.

Ungekürzte Ausgabe im List Taschenbuch
List ist ein Verlag der Ullstein Buchverlage GmbH, Berlin
1. Auflage Mai 2007
© für die deutsche Ausgabe Ullstein Buchverlage GmbH, Berlin 2007
© 2001 für die deutsche Ausgabe by
Econ Ullstein List Verlag GmbH & Co KG,
München / Ullstein Verlag
© 2000 by Editions du Félin, 10, rue La Vacquerie, 75011 Paris
Titel der französischen Originalausgabe:
Consuelo de Saint-Exupéry. La Rose du petit prince
(Editions du Félin, Paris)
Umschlaggestaltung und Konzeption:
RME Roland Eschlbeck und Kornelia Bunkofer
Titelabbildung: Editions du Félin
Satz: hanseatenSatz-bremen, Bremen
Gesetzt aus der Janson
Papier: Munken Print von Arctic Paper Munkedals AB, Schweden
Druck und Bindearbeiten: Clausen & Bosse, Leck
Printed in Germany
ISBN 978-3-548-60729-0

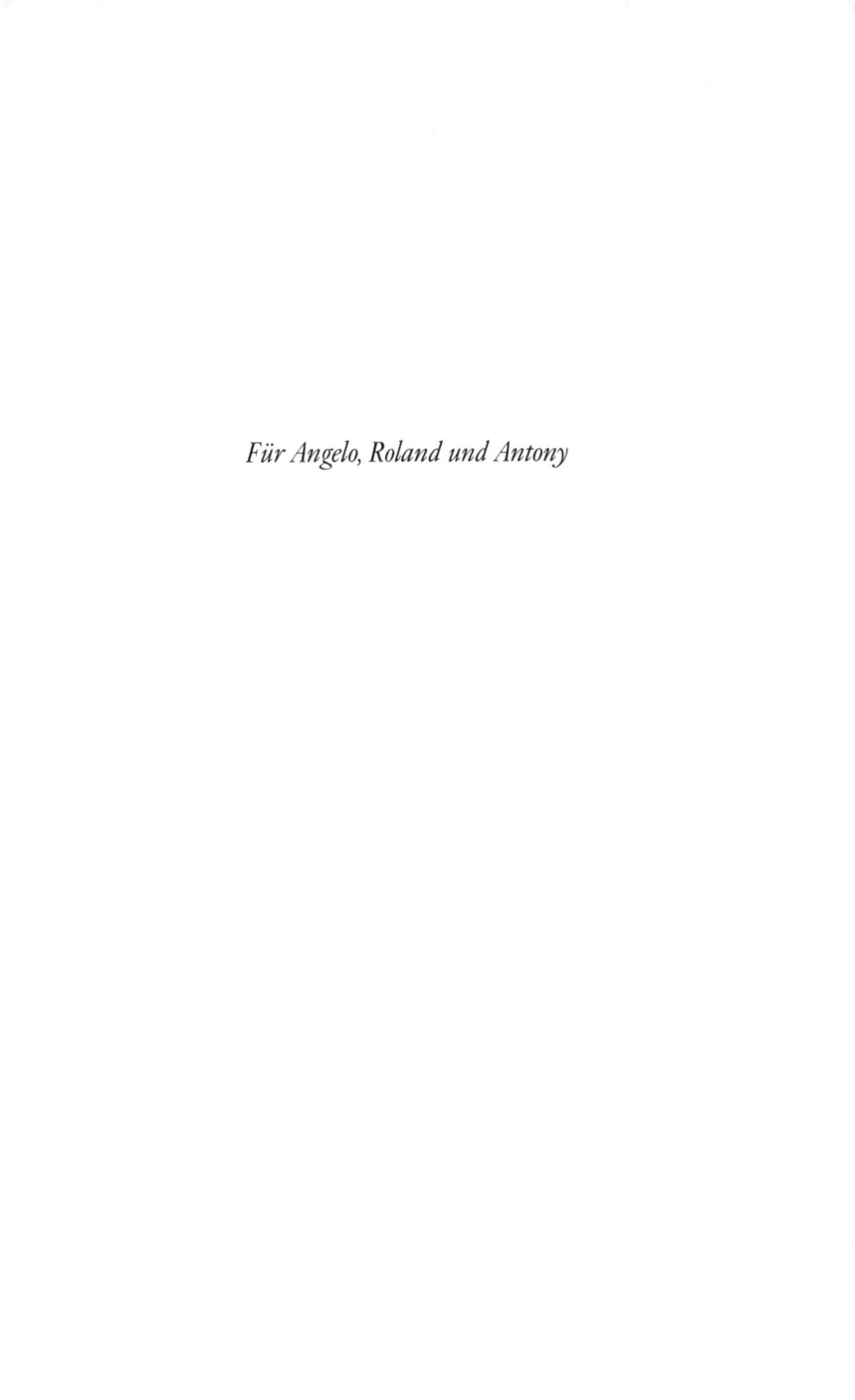

Für Angelo, Roland und Antony

Consuelo de Saint-Exupéry in den 30er Jahren,
ein Porträt von Desmond

VORWORT

Als ich 1992 für mein Buch über Antoine de Saint-Exupéry recherchierte – *Saint-Exupéry. Leben und Tod des Kleinen Prinzen* –, da schlug mir ein Fliegerveteran vor, Pierre Chevrier zu treffen, den Autor der ersten, 1949 erschienenen und seit langem vergriffenen Biographie, die das Privatleben des Fliegers beleuchtete. Dieses persönliche Werk schildert detailliert die Vorlieben, Gewohnheiten und Stimmungen des Autors und gibt Auszüge aus der Korrespondenz mit einem engen Freund wieder. Doch ein entscheidendes Ereignis im Leben Saint-Exupérys wird darin merkwürdigerweise nur mit zwei Zeilen angesprochen: seine Heirat mit der Salvadorianerin Consuelo Suncín im Jahr 1931.

Nach der Erwähnung der Hochzeit scheint Consuelo aus Antoines Leben zu verschwinden; aus dem Ton der Biographie könnte man schließen, Saint-Exupéry habe seine Frau verlassen und stattdessen eine enge Beziehung zu Chevrier gepflegt, der sich als »Journalist und Freund aus der Vorkriegszeit« vorstellt.

Das Missverständnis klärte sich, als »Pierre Chevrier« mich in meinem Büro aufsuchte und sich als

elegante Dame von ungefähr achtzig Jahren entpupp-
te! Doch erst einige Tage später war die Unbekannte
bereit, mir ihre wahre Identität zu enthüllen: Nelly
de Vogüé, die Geschäftsfrau und Romandichterin, die
Antoine während der letzten zehn Jahre seines Lebens finanziell, beruflich und moralisch unterstützt
hatte.

Nach Saint-Exupérys Tod widmete sie sich hin-
gebungsvoll der Aufgabe, sein Werk in seiner Ge-
samtheit bekannt zu machen und *Die Stadt in der Wüste*, jenes gewaltige Vermächtnis aus philosophischen
Notizen, zu korrigieren und herauszugeben. Außerdem veröffentlichte sie – allerdings anonym – unter
dem Titel *Briefe an X* einen großen Teil der Korrespondenz, die sie von Antoine besaß, und spielte eine
beachtliche Rolle bei der Verbreitung seiner Schriften. So gründete und förderte sie unter anderem die
Association des amis de Saint-Exupéry.

Im Jahr 1994 gehörte sie – immer noch unter dem
Pseudonym Pierre Chevrier – zu einem Autoren-
komitee, das unter dem Titel *Un sens à la vie* eine
Lobrede auf das Leben und Werk Antoine de Saint-
Exupérys veröffentlichte. Auch darin wird Consuelo
nur einmal erwähnt, und zwar in einem negativen Zusammenhang.

Erwiesenermaßen beruhte Nelly de Vogüés Wi-
derstreben, Saint-Exupérys Frau zu erwähnen, eher
auf persönlichen Empfindungen denn auf einem literarischen Ansatz. Sie betrachtete Consuelo als eine
zerstörerische und unmoralische Macht, die unwürdig sei, den ersten Platz in Antoines Herzen einzu-
nehmen. Um mit den Worten seiner Schwester Simone
de Saint-Exupéry zu sprechen, »eine Schlampe«, die

mit ihren skandalösen Affären den Namen der Familie und ihren Adelstitel entehrte.

Dennoch erklärt dieses völlig haltlose Werturteil nicht, warum Nelly de Vogüé, die Saint-Exupérys Bücher so gewissenhaft analysierte, stets vermieden hat, auf den Zusammenhang zwischen Consuelo und der Rose des *Kleinen Prinzen* hinzuweisen. Auch bei der Entstehung anderer Werke Saint-Exupérys gesteht sie seiner Ehefrau keinerlei Mitwirkung zu. Nelly konnte wohl nur schwer akzeptieren, dass Antoine den »kleinen Raubvogel«, wie sie Consuelo gern zu titulieren pflegte, in einem der weltweit bekanntesten Bücher in Gestalt einer Blume unsterblich gemacht hat. In einem Prozess um das literarische Erbe des Schriftstellers – besonders um *Die Stadt in der Wüste*, dem Werk, das der Autor Nelly vermacht hatte – gingen die beiden Frauen nach Antoines Tod auch öffentlich in die Konfrontation.

Dreißig Jahre blieb Consuelo aus Biographien und literarischen Untersuchungen verbannt, bis Jean Lasserre und Edmond Petit für *Icare*, das Magazin der Fluggesellschaft *Air France*, eine große Menge an Zeugnissen über den Menschen, den Schriftsteller und den Piloten Saint-Exupéry zusammentrugen. Neben der Veröffentlichung der Lebensgeschichte Saint-Exupérys durch den Amerikaner Curtis Cate sowie meiner 1993 erschienenen Biographie hat vor allem auch die bemerkenswerte Arbeit dieser beiden dazu beigetragen, dass Consuelos Existenz nicht länger totgeschwiegen wird. Aber noch hat niemand ihre Geschichte erzählt, vor allem, da über ihr Leben vor der Begegnung mit Antoine de Saint-Exupéry praktisch nichts bekannt war. Das vorliegende Buch versucht, diese Lücke zu schließen und dem Leser die Fülle von Consuelos außergewöhnlichem Gefühlsleben nahe zu bringen.

Einige kürzlich aufgetauchte Liebesbriefe Antoines an Consuelo sowie eine neue, objektive Interpretation von *Die Stadt in der Wüste* zeugen davon, dass er seiner Rose glühende Ergebenheit und unerschütterliche Zuneigung entgegenbrachte, obwohl ihn damals ein Bündnis aus Verwandten und Freunden zur Scheidung drängte.

Consuelos Memoiren hingegen – im Jahr 2000 im französischen Verlag Plon erschienen – enthüllen, was sie durch die emotionale Labilität und die Untreue ihres Mannes zu erleiden hatte. Diese maschinengeschriebenen Notizen bestätigen die Geständnisse, die sie gegen Ende ihres Lebens gegenüber ihrem salvadorianischen Landsmann Francisco Mena Guerrero abgelegt hat. Glaubt man diesem intimen Tagebuch, das einem Romanentwurf ähnelt und nur wenige Namen preisgibt, dann lagen alle Schwächen, die Vernachlässigung, die Ausschweifungen und der Mangel an Einfühlsamkeit, die man Consuelo zugeschrieben hat, auf Saint-Exupérys Seite. Einige Jahre nach ihrer Eheschließung war das Zusammenleben der beiden unerträglich geworden, doch Antoine versprach ständig, sie würden wieder glücklich, wenn Consuelo sich nur in Geduld fasse. All diese Widersprüche, die das Leben dieses ungleichen Paares durchzogen, bleiben erst recht unerklärlich, wenn man die zahlreichen Briefe liest, die Antoine seiner Frau schrieb. Denn darin versichert er sie seiner tiefen Dankbarkeit und Anerkennung, denen er auf wunderbare Weise auch im *Kleinen Prinzen* Ausdruck verleiht.

12

Lesen Sie also, wie ein zerbrechliches, asthmatisches Mädchen aus Mittelamerika, begabt mit einer außerordentlichen erotischen Ausstrahlung, Saint-Exupéry »zähmte« – seine Metapher für die Liebe – und zu einem symbolischen Bild des meistübersetzten Buches französischer Sprache wurde. Nach dreizehn Jahren einer stürmischen und freien Ehe, die beide immer wieder Zuflucht bei anderen Partnern suchen ließ, trug er sie immer noch in seinem Herzen, als er am 31. Juli 1944 über dem Mittelmeer abstürzte. Der Beweis wurde erst kürzlich erbracht, als man im Meer Saint-Exupérys Armband fand, in das der Vorname »Consuelo« eingraviert ist.

»Consuelo, ich danke dir dafür, dass du meine Frau bist«, schrieb er kurz vor seinem Tod, und:

»Wenn ich verwundet werde, dann weiß ich, wer mich pflegt.

Wenn ich falle, dann habe ich jemanden, auf den ich in der Ewigkeit warten kann.

Und wenn ich zurückkomme, kenne ich einen Menschen, zu dem ich heimkehren kann.«

ERSTER TEIL

―――――

1901–1930

1. KAPITEL

Das Land der Vulkane

Der Izalco ist einzig unter allen Vulkanen, die entlang der zentralamerikanischen Landbrücke liegen: ein Kegel aus schwarzer Lava und Asche, der sich 1910 Meter hoch über der westlichen Region El Salvadors erhebt und vollkommen der kindlichen Vorstellung von einem feuerspeienden Berg entspricht. Bis zum Februar 1770 existierte an dieser Stelle nur ein gewaltiger Schlund, aus dem schwarze Rauchsäulen aufstiegen, doch dann brach der Vulkan aus und bildete einen Hügel, der in kurzer Zeit zu gewaltigen Dimensionen anwuchs.

Als Antoine de Saint-Exupéry 1938 El Salvador besuchte, um die Familie seiner Frau Consuelo kennen zu lernen, sah er den Izalco zum ersten Mal und konnte sich von der Mischung aus Furcht und Bewunderung überzeugen, mit der die einheimische Bevölkerung das von einem roten Schein umgebene Natur-Fanal betrachtete. Der Vulkan ist vom Meer aus großer Entfernung zu erkennen und bei allen Seeleuten und Piloten der Welt unter dem Namen »Leuchtturm des Pazifiks« bekannt. Als er noch die Post für die *Aeroposta Argentina* transportierte, hatte Saint-Exupéry in den weiten, unbewohnten Flächen

Patagoniens zahlreiche Vulkane überflogen. Doch ohne allzu große Fantasie lässt sich erkennen, dass die bedrohliche Silhouette des Izalco und seine weißen Qualmwolken seine Illustrationen des *Kleinen Prinzen* inspiriert haben. Dort bedrohen zwei Vulkane die Existenz des Asteroiden, auf dem der blonde Knabe lebt. Saint-Exupéry schrieb seine Erzählung fünf Jahre, nachdem er den Gipfel erblickt hatte, der sich über die fruchtbaren Ebenen der Region Sonsonate erhebt – ein Glied in einer Kette von fünfundzwanzig erloschenen oder nur sporadisch aktiven Vulkanen.

Darüber hinaus verbirgt die Fabel vom Kleinen Prinzen, die auf den ersten Blick für Kinder bestimmt zu sein scheint, einen noch weit subtileren salvadorianischen Einfluss, über dessen Ursprung jedoch kein Zweifel besteht. Consuelo, am Fuße des Izalco geboren, ist in der Gestalt der Rose, die auf einem Planeten von der Größe eines Hauses für den Kleinen Prinzen »duftete und glühte«, für immer unsterblich geworden. Antoine hat seiner Frau gegenüber bedauert, ihr das Buch nicht gewidmet zu haben; ein kleiner Fehltritt unter etlichen anderen, für die er sie gegen Ende seines Lebens in einem regen Briefwechsel um Verzeihung bat. Doch zu jenem Zeitpunkt hatte er den kleinen »Samen, weiß Gott woher« schon in eine wunderbare Erzählung verwandelt, und diese ist zu einem Teil der Mythen und Legenden geworden, die zusammen mit dem Izalco die Landschaft von Consuelos Kindheit bilden.

Geboren in eine von Naturgewalten
bedrohte Welt

Wenn in einem Roman der Autor um des Effekts willen Einzelheiten seiner Autobiographie schönt, dann lobt man seine schriftstellerischen Qualitäten. Bedient sich jedoch jemand im Gespräch derselben Methode, wird er mit Sicherheit als Lügner hingestellt. Consuelo besaß ein außerordentliches Erzähltalent und mochte sich nicht damit zufrieden geben, gewöhnliche Fakten zu berichten. Sie stammte aus einem tropischen Land mit einer legendenreichen oralen Tradition und einer Folklore, in der das Fantastische der heidnischen Riten mit dem christlichen Mysterium der Dreieinigkeit verschmolz; und sie spürte das Bedürfnis, ihre Gabe vor einem Publikum darzustellen, das sie mit ihrer Redegewandtheit und ihrem Überschwang in ihren Bann schlug. Einer ihrer Bewunderer, der Mexikaner José Vasconcelos – liberaler Politiker, Dichter und äußerst produktiver Schriftsteller –, war fasziniert von ihrer Persönlichkeit. Er verlieh ihr den Beinamen »tropische Scheherezade« und bezeichnete sie als seine Muse.

In Consuelos Erzählungen ist schwer festzustellen, wo die literarische Verklärung beginnt und wann sich die reine Fantasie Bahn bricht. Ihre erste Täuschung entsprang wohl eher ihrer Koketterie als dem tatsächlichen Wunsch, Antoine hinters Licht zu führen. Für ihre Heiratsurkunde, die am 22. April 1931 in Nizza ausgestellt ist, gab sie ihr Geburtsdatum mit dem 10. April 1902 an, obwohl sie genau ein Jahr früher zur Welt kam, nämlich 1901. Trotz der peinlichen Genauigkeit der dortigen Verwaltung ging dieser kleine

Schwindel unbemerkt durch, denn die junge Frau erklärte höchst überzeugend, in ihrem Land seien kürzlich bei einer Revolution alle standesamtlichen Dokumente vernichtet worden. Indem sie ein Jahr von ihrem wirklichen Alter abzog, konnte sie sich für neunundzwanzig statt für dreißig ausgeben; ein harmloser Ausdruck ihrer Eitelkeit, der allerdings im Lauf der Zeit immer größere Dimensionen annahm. So wurde sie 1979 auf dem Friedhof Père-Lachaise in Paris unter einem Grabstein beerdigt, auf dem ihr Geburtsjahr mit 1907 angegeben wird.

In Wahrheit ist Consuelos Geburtsurkunde niemals verloren gegangen. Auf Anfrage lieferten die Behörden von Armenia, einem ländlichen Flecken nordwestlich der Hauptstadt San Salvador, ohne Probleme eine Fotokopie der handschriftlichen Urkunde aus dem Geburtenregister. Das Dokument vermerkt den Eintrag der Vornamen Maria Consuelo durch die Eltern, den Oberst Felix Sunzin *(sic)* und seine Frau Ercilia Sandoval. Die beiden waren Pflanzer und besaßen in der Region, in der es traditionell immer wieder zu Indianeraufständen kam, eine Kaffeeplantage.

Abgesehen von ihrem Geburtsdatum könnte noch ein weiterer Gesichtspunkt Consuelo bewogen haben, lieber keine Kopie der Urkunde vorzulegen. Denn darin wird sie als *Ladina* bezeichnet, eine Mestizin also, halb europäischer und halb indianischer Abkunft, ein Erbe, das sie im Übrigen mit der Mehrheit der Bewohner Zentralamerikas teilte. Trotzdem war dies nicht gerade eine Abstammung, auf die man stolz sein konnte, wenn man vorhatte, in die französische Aristokratie einzuheiraten. Und ganz besonders in einen katholischen, reaktionären Clan, für den es, wie ein Familienmitglied erklärte, »zu dieser Zeit schlimmer war, eine Ausländerin zu ehelichen als eine Jüdin.«

Dem Nonkonformisten Saint-Exupéry jedoch erschien die junge Frau durch ihre Verbindung zu den uralten, sonnenanbetenden Kulturen der Azteken und Pipil zweifellos noch geheimnisvoller. Antoine verliebte sich in Consuelo und heiratete sie, weil auch ihn bezauberte, was ihre Umgebung schon seit ihrer frühen Kindheit anzog: ihre faszinierende Persönlichkeit, die melodische Stimme, der wache Geist und das hinreißende Gesicht, das viele Männer betörte, die erfahrener waren als der etwas naive Antoine. Mit ihrem angenehmen Äußeren verband sie ein Schauspieltalent, das sie klug und instinktsicher einzusetzen vermochte, und die Fähigkeit, eine farbige, bildreiche Sprache zu kreieren, die den Schriftsteller faszinierte und die er manchmal mittels seiner poetischen Eingebung umformte und für sich einsetzte.

Äußerlich unterschieden sich diese beiden Menschen in erstaunlichem und verblüffendem Maße. Ein merkwürdiges Zusammentreffen – der abenteuerdurstige Träumer mit dem schweren Schritt, den man manchmal mit einem Bären verglich, wirkte wie ein Riese neben dieser winzigen, wie ein Vogel zwitschernden Frau, die er gern »Goldfeder« nannte und bat, ihr wunderbares Chaos in sein Leben zu bringen.

Abgesehen davon, dass sie fast gleich alt waren – Antoine ist am 29. Juni 1900 geboren, also nur neun Monate älter als Consuelo –, hatte das Paar praktisch keine Gemeinsamkeiten. Vielmehr hatten die beiden bis zu ihrem zufälligen Zusammentreffen in Buenos

Aires, wo sie sich bei einem von der *Alliance française* ausgerichteten Empfang begegneten, in Ländern gelebt, deren kulturelle Traditionen nicht unterschiedlicher sein konnten. In Geschichte, Sprache und Kultur schienen ihre jeweiligen Umfelder so weit voneinander entfernt wie die französische Atlantikküste von der salvadorianischen am Pazifischen Ozean.

Antoine, der im Alter von drei Jahren seinen Vater verloren hatte, verlebte mit drei Schwestern und einem jüngeren Bruder eine idyllische Kindheit und erhielt dann unter geistlicher Anleitung eine klassische Bildung. Währenddessen wuchs Consuelo in einem Dorf unter dem dräuenden Vulkan Izalco auf, in einem armen Land, das von einer Hand voll expatriierter Spanier regiert wurde; Autokraten, die sich einzig auf Grund ihrer Abstammung von den Konquistadoren des sechzehnten Jahrhunderts zu Herren über die einheimische Bevölkerung aufgeschwungen hatten. Neben der Macht, die Frankreich auf sämtlichen Gebieten besaß, erschien El Salvador mit seinen 20.000 Quadratkilometern Fläche und seiner Bevölkerung von kaum einer Million unbedeutend. Selbst die Nachbarstaaten Guatemala, Honduras und Nicaragua wirken daneben wie Giganten.

Von frühester Kindheit an war Consuelos Äußeres untypisch und unterschied sich von der üblichen Erscheinung der *Ladinos*, der Abkömmlinge eingeborener Bauern und armer spanischer Immigranten. Zur Zeit von Consuelos Geburt war diese starke, mestizische Bevölkerung im Begriff, sich zur Mittelschicht des Landes zu entwickeln. Consuelos schlanke Gestalt und kleine Statur – als erwachsene Frau maß sie nur knapp 1,62 Meter – rührten von der spanischen Abstammung ihrer ursprünglich in Guatemala beheimateten Mutter. Die kleine, zarte Frau, in deren Gesicht sich der Schmerz über den Verlust ihrer vier Söhne eingegraben hatte – sie waren sehr jung an einer Krankheit gestorben –, wirkte geradezu zerbrechlich neben der stämmigen Gestalt ihres Mannes, die seine indianische Herkunft verriet. Gemeinsam kultivierten sie den Besitz, den Ercilia Suncín, geborene Sandoval, als Mitgift in die Ehe eingebracht hatte, und das Land, das die Regierung Felix Suncín beim Ausscheiden aus dem aktiven Militärdienst zugewiesen hatte.

Consuelos Vater erfreute sich einer einflussreichen Stellung und bekleidete den Rang eines Obersts der Reserve, den er während der wiederholten Auseinandersetzungen mit Guatemala erworben hatte. Auch zwei seiner Brüder waren in denselben Rang aufgestiegen, ein beträchtlicher Pluspunkt für eine Familie von Landbesitzern, denn deren Wohlstand hing von der Fügsamkeit der indianischen Arbeitskräfte und einem gedeihlichen Zusammenleben mit den vierzehn autokratischen Clans ab, die den kleinen Staat an der Pazifikküste beherrschten.

Die magische, feuchte, üppige und farbenprächtige Umgebung, in der Consuelo ihre Jugendjahre verbrachte, war in nichts zu vergleichen mit dem Park des Schlosses Saint-Maurice-de-Rémens in der Nähe von Lyon, wo die Kinder der Familie Saint-Exupéry romantische Ferien verlebten und den Antoine in mehreren seiner Bücher nostalgisch heraufbeschwört.

Consuelo und ihre beiden jüngeren Schwestern, Dolores und Amanda, wuchsen in einem riesigen

Haus im spanischen Stil auf, mit einem blumenbewachsenen Innenhof, auf den alle Zimmer des Hauses führten. Das Exotische, das der Flieger Saint-Exupéry sein Leben lang suchte, indem er Luftfahrtlinien nach Afrika und Südamerika öffnete, war ein Teil von Consuelos Wesen. Selbst mit der Vorstellungskraft eines Schriftstellers vermochte er nicht die unergründlichen mystischen Traditionen El Salvadors zu durchdringen, diesem Land, bevölkert von Hellsehern und Magiern, die geheime Rezepte für Liebesgebräue und Unheil bringende Tränke hüteten.

El Salvador, auf demselben Breitengrad wie der Senegal zwischen dem Wendekreis des Krebses und dem Äquator gelegen, ist ein Land extremer Gegensätze. Sechs Monate im Jahr gehen sturzbachartige Regenfälle über die Ruinen der Stufenpyramiden von Tazumal und San Andrés nieder, welche die Maya schon mindestens fünf Jahrhunderte vor der Ankunft der Europäer aufgegeben hatten. Auf diese extrem feuchte Periode folgt die trockene, heiße Jahreszeit, die ebenso schwer erträglich ist. Bevor hier Kaffee angebaut wurde, lag im Landesinneren ein furchteinflößender Dschungel, bevölkert von Vögeln in leuchtenden Farben und Schlangen von hypnotischer Anmut, wo Pflanzen mit geheimnisvollen Eigenschaften wuchsen. Dieses üppige grüne Dickicht lichtete sich abrupt und gab den Blick frei auf die fruchtbaren Flanken dunstumflossener Vulkane, den Siedlungsraum eingeborener Indianer, die sich keine Sorgen um die Gefahren einer Lavaeruption über ihren Köpfen machten.

Während Consuelos Kindheit schienen diese berückenden Bilder unbeweglich in einer Landschaft zu schweben, die regelmäßig durch Erdbeben verwüstet wurde und doch auf seltsame Weise bis heute kleine natürliche Refugien von verblüffender Schönheit bewahrt hat. Ungefähr dreißig Kilometer von Consuelos Geburtshaus entfernt spiegeln sich die grüne Kuppel des Cerro Verde und die beiden feindlichen Kegel der Vulkane Izalco und Santa Ana in den blauen Wassern des Coatepeque-Sees, ein 120 Meter tiefes Naturwunder, das in einem erloschenen Krater liegt. Doch eine so heitere Szenerie ist selten anzutreffen in El Salvador, wo die Unabwendbarkeit der Erdbeben die lokale Folklore durchdrungen und im Thema der göttlichen Rache Ausdruck gefunden hat, häufig beschworen von Geistlichen, die Consuelo mangels eines passenderen Wortes als Voodoo-Priester bezeichnet. Diese lasen in den Erschütterungen der Erde eine verdiente Strafe – die einzig vorstellbare Erklärung dafür, warum die Hauptstadt San Salvador zwischen 1854 und 1917 siebenmal zerstört wurde, wobei Tausende von Menschen umkamen.

Während Antoine im Park des Familienschlosses zwischen Linden und Rosenstöcken spielte, vernahm Consuelo das Grollen neuer Katastrophen, das Brausen von Überschwemmungen und das Rauschen von Seen, die über die Ufer treten, wenn andere sich leeren, als wären sie durch kommunizierende Röhren verbunden. Diese Erinnerungen an eine von Natur gewalten bedrohte Heimat waren die Quelle, aus der sie als Erwachsene fantastische Geschichten schöpfte. Nostalgisch sehnte sie Feste zurück, »wie ich sie niemals wieder erleben sollte, vielleicht abgesehen von den Erdbeben in meiner Kindheit. Die Vulkane tanzen, die Glocken läuten und alles bricht zusammen.«

Als Consulo sich Mitte der zwanziger Jahre in Paris niederließ, erzählte sie ihren Freunden häufig die verblüffende Geschichte ihrer Geburt. Eine der zahlreichen Versionen hat sie in ihrem Buch *Oppède* niedergeschrieben, das von ihrem Aufenthalt in einem Dorf im Vaucluse während des Zweiten Weltkriegs erzählt. Dort lebte sie in einer kleinen Gemeinschaft von Künstlern, bevor sie in die USA reiste, um Antoine wiederzusehen und bei der Schöpfung des *Kleinen Prinzen* an seiner Seite zu sein.

»Bei den Erdbeben in meinem Land sprangen die Skelette aus den Gräbern, und anschließend hatten wir die Gebeine wieder zusammenzusetzen, damit unsere Vorfahren in vollständiger Gestalt auf das Jüngste Gericht warten konnten«, schreibt sie, um sich dann auf etlichen Seiten in einem verblüffenden Bericht über ihre Geburt während eines Erdbebens zu ergehen.

Schwer festzustellen, wann die Realität der Fiktion weicht. In ihrer Geschichte erzählt sie, sie sei ein Siebenmonatskind gewesen und während eines Erdbebens zur Welt gekommen. Ein »Bauer und Hexer« habe sich ihrer angenommen, sie mit Ziegenmilch genährt und ihr später beigebracht, vom Grund eines Brunnens aus die Wolken zu beschwören.

Nach Aussagen ihrer Familie existieren jedoch vom Beginn des Jahrhunderts keine Aufzeichnungen über irgendeine Katastrophe. Bei dem Hexer mit den magischen Kräften handelt es sich eindeutig um Consuelos Vater. Es heißt, er habe keine allzu große Zuneigung zu seinen drei Töchtern gezeigt, aber vielleicht hat er dem Kind, das nach dem Tod seiner vier Söhne zur Welt kam und dem er den Vornamen »Consuelo« – Trost – gab, doch viel Zeit gewidmet.

Noch sechzig Jahre nach seinem Tod überdauert die beinahe legendäre Erinnerung an seine starke Persönlichkeit. Consuelos Vater kannte die geheimnisvollen Kräfte der Pflanzen und bereitete Tränke, welche die Bauern ängstlich und respektvoll erbaten. Sie fürchteten seine summarischen, aber wirkungsvollen Methoden zur Behandlung gewisser Krankheiten. Eines Tages bat ihn einer der Tagelöhner des Gutes, seine Zahnschmerzen zu kurieren. Felix Suncín ließ zwischen den Kohlen des Herdfeuers einen langen Nagel erhitzen, bis er rot glühte, und stieß diesen dann abrupt in den von Karies ausgehöhlten Zahn. Der Patient brüllte wie ein Wahnsinniger, aber der Heiler erklärte ihm, er habe den Nerv ausgebrannt und er werde nicht länger leiden.

Mireille Dimas, Consuelos Großnichte, bewohnt noch heute das Haus in Armenia. Sie erzählt eine Anekdote, die sie wiederum von ihrer Mutter Dolores gehört hat. Danach soll der Großvater eine Pigmentstörung auf der Stirn seiner jüngsten Tochter Amanda geheilt haben, indem er eine Zigarre auf dem weißen Fleck ausdrückte. Diese zugegeben brutale Behandlung verhinderte eine weitere Ausbreitung des Leidens.

Trotz der selbstlosen Haltung Felix Suncíns gegenüber der Dorfgemeinschaft empfanden die Menschen stets eine abergläubische Furcht vor diesem autoritären Mann, und Gerüchte gingen um, er habe mit dem Tod seiner Söhne für einen grausamen Fluch bezahlt.

In dem relativ nüchternen Bericht über ihre Geburt, den sie in *Oppède* gibt, erwähnt Consuelo nichts von außergewöhnlichen, magischen Kräften. Diese finden sich in einer anderen Version, nach der sie tot geboren wurde. Und hier kommt der Hexer ins Spiel. Er streicht den kleinen Körper mit einer Honigschicht ein und lockt so einen Bienenschwarm an, dessen Stiche das Kind wieder zum Leben erwecken. In ihrem Buch wächst sie lediglich zwischen Ruinen auf und entdeckt eine neue Welt, als sie zu ihrer Familie zurückkehrt.

Das Haus ist riesig. Sie macht sich daran, zuerst einige und dann alle Zimmer zu erforschen. Als sie den Garten aufsucht, stellt sie fest, dass es noch weitere Gärten mit anderen Häusern gibt, und anscheinend unendliche Straßen, die irgendwohin führen. Sie beschließt, sich alles anzusehen, aber die Bettler, der Briefträger, die Hausierer erklären ihr, dass die Grenzen der Welt viel weiter gesteckt sind.

»Am liebsten wäre ich schneller als ein Bambusrohr gewachsen, um das Geheimnis zu ergründen«, setzt Consuelo hinzu. Dann besticht sie den jungen Briefträger mit der goldenen Uhr ihres Großvaters, damit er sie einen ganzen Tag lang mitnimmt und beim Austragen der Post helfen lässt. Die darauf folgenden Zeilen sprechen von einer ungeheuren Neugierde und einer blühenden Fantasie, die ihr bereits die Bewunderung ihrer Klassenkameradinnen eintragen.

Claudia Lars, die bekannteste salvadorianische Dichterin, lebte ebenfalls in dem Dorf Armenia. Doch die Väter der kleinen Mädchen waren verfeindet, so dass sie keinen Umgang pflegen konnten und seltene Gelegenheiten nutzten, um einander besser kennen zu lernen. In ihrer Autobiographie *Tierra de infancia* erinnert Claudia sich an ihre Kameradin und spricht von deren Fähigkeit, ein Publikum zu fesseln, mit der sie ihrem Alter weit voraus war.

»Consuelo konnte sich unterhalten wie eine Erwachsene, mit dem ihr eigenen Charme und in Worten, die für gewöhnlich nicht in der Sprache der Bauern vorkamen«, erinnert sie sich. »Außerdem übermittelte sie mit ihrer bebenden, vibrierenden Stimme ein tiefes Gefühl, das so sehr aus einer Märchenwelt zu stammen schien, dass sie mich völlig in ihren Bann schlug, wenn sie Geschichten erzählte, die mich noch heute an unsere Kindheit erinnern. Ich muss zugeben, dass sie etwas ganz Besonderes war. Und anscheinend hat sie diese sehr seltene Sprachbegabung, die wie ein Feuer wärmte, im Laufe der Jahre vervollkommnet, bis daraus ein richtiger Magnetismus wurde.«

Als die Mädchen einmal über die Zukunft und ihre Berufswünsche diskutierten, erklärte Claudia, sie wolle eine berühmte Dichterin werden. Für Consuelo hieß das, mit einer Männerwelt zu konkurrieren. Sie weigerte sich, es den Männern gleichzutun, »weil die zu viel arbeiten und hässlich werden.«

»Ich will nicht studieren, bis ich blind davon werde«, soll sie hinzugesetzt haben. »Wenn du ein Geheimnis bewahren kannst, dann will ich dir verraten, dass ich eines Tages Königin in einem fernen Land sein werde. Ich werde gold- und silberbestickte Roben haben, Ringe und Ketten mit wunderbaren Steinen. Das will ich. Wenn ich groß bin, werde ich Königin.«

Später musste sie sich mit dem Titel einer Gräfin zufrieden geben und der literarischen Ehre, die Rose des *Kleinen Prinzen* zu verkörpern. Ihre Träume von eleganten Toiletten und schönen Schmuckstücken aber sollten Wirklichkeit werden – manches Geschenke von Bewunderern oder ihren jeweiligen Ehemännern, anderes selbst erworben aus den Einkünften ihrer Arbeit, als sie nach Saint-Exupérys Tod viel Zeit darauf verwandte, den Schriftsteller zu malen und Büsten von ihm anzufertigen.

Ein Land der Revolutionen

Consuelos Heimat war nicht nur ein Land der Erdbeben, sondern, wie sie gern hinzusetzte, »auch der Revolutionen«, eine keineswegs übertriebene Behauptung. Die jüngere Geschichte El Salvadors, des kleinsten der mittelamerikanischen Staaten, ähnelt der eines Operettenstaates: lauter Umstürze und Rebellionen, die nicht nur Verwirrung, Desorganisation und die rasche Abfolge wenig demokratischer Anführer nach sich zogen, sondern auch Massaker an der bäuerlichen Bevölkerung. Diese massive Repression war bereits im Gange, seit die Spanier die alte indianische Hauptstadt Cuscatlan zerstört und sich sämtliche Ländereien angeeignet hatten. All das spielte sich zunächst in einer Region ab, die von den Kolonisten im autokratischen Stil verwaltet wurde und unter dem Namen Generalkapitanat von Guatemala den Großteil des Isthmus umfasste. Nachdem sich die Staaten Guatemala, Honduras, El Salvador, Nicaragua und Costa Rica 1821 von der spanischen Herrschaft befreit hatten, bemühten sie sich erfolglos – manchmal gewaltsam und dann wieder durch Verhandlungen –, sich zu vereinen. Nachdem El Salvador sich zwanzig Jahre lang den Annexionsversuchen Mexikos widersetzt hatte, erklärte es sich zur unabhängigen Republik.

Zwischen 1870 – als die Familie Suncín durch den Kaffeeanbau ihren Wohlstand begründete – und Consuelos Geburt im Jahr 1901 hatte das Land sieben Staatschefs, von denen einige ohne viel Federlesens vom Sockel gestürzt wurden. Eine liberalere Ära brachte einen Konservativismus hervor, der auf der wachsenden Macht der Pflanzer beruhte, denn deren Ressourcen machten sechzig Prozent des Bruttosozialprodukts aus. Consuelo wuchs in einer relativ privilegierten Umgebung auf, wobei ihr Vater eine bedeutende Rolle bei der Unterdrückung aufständischer Tagelöhner spielte. Durch seinen Rang als Oberst der Reserve bei der Präsidentengarde genoss er besondere Beziehungen zur Guardia Nacional – einer Militärabteilung mit dem Auftrag, jene Landbesitzer zu schützen, die ihre *Campesinos* mit Hungerlöhnen abspeisten.

Abgesehen von der Ermordung des Präsidenten Manuel Araujo im Jahr 1913 kann man die Zeit zwischen Consuelos Geburt und ihrer Abreise nach Paris 1925 beinahe als stabil bezeichnen. Mehrere aufeinander folgende Staatschefs vermochten den Zorn des Volkes zu unterdrücken, bis dieser sich 1931 – im Jahr der Heirat von Consuelo und Antoine – im Osten des Landes in einem großen Aufstand entlud. Durch den Umstand, dass ihr Vater der *Associación Cafetalaria* angehörte – der Lobby der Kaffeeproduzenten und einer Schattenregierung vergleichbar –, erhielt Consuelo eine gute Schulbildung und die Möglichkeit, im Ausland zu studieren. Als sie mit achtzehn Jahren in einem von der Französin Cécilia Cherry geleiteten Institut in der Hauptstadt ihr Diplom als Lehrerin ablegte, lebte El Salvador unter einer Art Oligarchie, in der zwei mächtige Familien, die Melendez und die Molina, sich höflich und effizient mit dem Regieren abwechselten. Durch den Einfluss ihres Vaters wurde Consuelo zu einer Audienz bei Präsident Alfonso Quinonez Molina vorgelassen, den sie, anscheinend mit der Absicht, ihre Lehrerinnenausbildung in den Vereinigten Staaten zu vervollkommnen, um ein Stipendium bat.

Einem jungen Mädchen von unmäßigem Ehrgeiz bot El Salvador nur begrenzte Perspektiven. Die politische und kulturelle Entwicklung des Landes vollzog sich in einer Monotonie, die den Intellektuellen nichts zu bieten hatte, während der Rest der Welt vor Kreativität brodelte. Diese Situation beschleunigte die Abwanderung der Intelligenz, die zudem durch das Erziehungsministerium noch unterstützt wurde. Zu Beginn des Jahrhunderts übten Europa und besonders Paris eine starke Anziehung auf eine gebildete, ehrgeizige Elite aus. Doch am Ende des Ersten Weltkrieges, in dem Zentralamerika neutral geblieben war, spielte auch das revolutionäre Mexiko eine große Rolle: Seine sozialen, politischen und kulturellen Reformen umgaben dieses Land mit dem strahlenden Nimbus einer Nation im Umbruch.

Schon lange vor Ende des neunzehnten Jahrhunderts, nach dem Abbruch der Verbindungen zu Spanien, hatte Zentralamerika erfolglos versucht, durch die Schaffung eines Bundesstaates nach dem Vorbild der USA eine eigenständige Identität zu schmieden. In der Folge sahen die Regierenden der einzelnen Länder in der Literatur einen Katalysator zur Bildung einer nationalen Identität. Die Diktatoren selbst ermunterten die Studenten, ihre Kenntnisse im Ausland zu erweitern und finanzierten ihnen Aufenthalte in Mexiko und Europa. Ein weiteres Ziel dieser Sensibilisierung für eine Nationalkultur mit ihren Traditionen und ihrer Folklore war die Zurückdrängung der Dominanz der Vereinigten Staaten, die ihre lateinamerikanischen Nachbarn wie Kolonien behandelten.

Mittelamerika fehlte es an Lehrern, Romanschriftstellern, Journalisten und Dichtern, die eine Bildungsoffensive im großen Stil hätten angehen können. Unter den Intellektuellen, die finanzielle Unterstützung erhielten, um in Europa zu studieren, wurden viele international berühmt, beispielsweise der Nicaraguaner Rubén Darío, Autor der *Cantos de vida y esperanza*, oder Consuelos zweiter Mann Enrique Gómez Carrillo, Guatemalteke von Geburt, ein renommierter Journalist und Feuilletonist und befreundet mit Darío.

Consuelo gehörte zu einer neuen Studentengeneration, die davon träumte, den Spuren ihrer Meister zu folgen und deren Nachfolge anzutreten. Sie stach als eine der begabtesten Schülerinnen hervor und wurde unter dreihundert jungen Mädchen ausgewählt, um bei offiziellen Anlässen die Jugend ihrer Region zu vertreten. Die Empfindungen, die diese kurzen Momente im Rampenlicht auslösten, ließen das Leben in Armenia, wo die einzige Zerstreuung die sonntäglichen Konzerte im Musikpavillon waren, entsetzlich eintönig erscheinen. Zweifellos war Consuelo sich der Vergänglichkeit ihrer Schönheit bewusst und ahnte eine unabwendbare, freudlose Zukunft in ihrer Heimat voraus, wo die Frauen durch zahlreiche Schwangerschaften, die lange Siesta und übermäßiges Essen alt und dick wurden, ehe sie die Dreißig erreichten, mit dem Hochamt am Sonntag als einzigem Trost.

In Bezug auf sexuelle Freiheit legte El Salvador mit seinem gemischten Erbe aus spanischen und indianischen Traditionen größere Duldsamkeit an den Tag als Europa; die neue Mittelschicht nahm es kritiklos hin, wenn verheiratete Männer galante Abenteuer suchten. Frauen, deren Schönheit verblüht war, gewährten ihren Männern »Ferien von der Ehe«, wie es Saint-Exupéry Jahre später ausdrückte, als er beschloss, Urlaub von Consuelo zu nehmen und eine getrennte Wohnung zu beziehen, in der er seine »Mignonne« empfangen konnte.

Die Perspektive, in dieser weiblichen Erstarrung zu versinken, muss die heranwachsende Consuelo, die Literatur und Poesie verschlang und in Schriftstellern wie Darío und der Chilenin Gabriela Mistral, der zukünftigen Nobelpreisträgerin, Boten der Götter sah, mit Angst und Schrecken erfüllt haben. Seit den zwanziger Jahren war Mexiko die Hochburg der hispanischen Literatur. Dort pflegte eine ungestüme Jugend ein Klima der Rebellion, das sich durchaus mit dem von Saint-Germain-des-Prés nach dem Zweiten Weltkrieg vergleichen lässt. Und zumindest auf einem Gebiet war Mexiko dem größten Teil der europäischen Länder weit voraus: Frauen war der Zugang zu den Universitäten gestattet, und Studentinnen waren zu allen Fachrichtungen zugelassen.

Unter Missachtung der bürgerkriegsähnlichen Zustände, die das Land zerrissen, strömten die Eliten aus ganz Lateinamerika in die mexikanische Hauptstadt. Und im Zentrum dieses hispanischen Schmelztiegels residierte José Vasconcelos, ein Mann vom Format eines Sartre, der politischen Ruhm und amouröse Erfolge sammelte und so seinem Beinamen »der Meister der amerikanischen Jugend« alle Ehre machte. Durch seine revolutionären Aktivitäten, seine Erziehungsreformen und seine enorme Produktion an philosophischen und pädagogischen Essays wäre er um ein Haar Präsident seines Landes geworden, was ihm Zeiten der Haft und des Exils eintrug. Später sollte Consuelo eine leidenschaftliche Affäre zu Vasconcelos unterhalten – ihrem »Meister«, wie sie ihn ebenfalls zu nennen liebte – und blieb fast bis zu ihrer Heirat mit Antoine de Saint-Exupéry mit ihm in Verbindung.

Während der Ruhm von Enrique Gómez Carrillo, Consuelos zweitem Ehemann, mit der Zeit verblasst ist, hat Vasconcelos' Bedeutung bis heute nicht abgenommen und rechtfertigt Consuelos Auffassung, es sei »besser, ein Fünftel von einem großen Mann zu besitzen als einen mittelmäßigen zur Gänze«. Zu diesem Schluss war sie nach einer katastrophalen Ehe gelangt, die sie mit einundzwanzig Jahren eingegangen war.

2. Kapitel

Der mexikanische Hauptmann

Wenn ein gemeinsames Bestreben Antoine de Saint-Exupéry und seine Frau Consuelo Suncín einte, dann die Entschlossenheit, den Beschränkungen ihrer Herkunft zu entrinnen. Antoine, der sich zwischen den Pflichten gegenüber seiner Mutter, seiner Religion und seiner adligen Kaste zerrissen fühlte, befreite sich etappenweise und mit Hilfe des Schicksals von seinen Verpflichtungen. Der Umstand, dass er nicht am Ersten Weltkrieg teilnahm, obwohl er sich seinem Alter nach vor dem Ende der Kämpfe zu den Waffen hätte melden können, erfüllte ihn vielleicht mit Schuldgefühlen und hinderte ihn daran, eine militärische Laufbahn einzuschlagen. Sein verspätetes Antreten des Militärdienstes erklärt sich teilweise durch die Pläne seiner Familie, die eine Karriere bei der Marine vorsahen; einer Waffengattung, die auf Grund ihrer monarchistischen Tradition und ihrer jahrhundertealten Feindschaft gegen die Engländer unter dem Namen »La Royale« (die Königliche) bekannt war.

Doch Antoine scheiterte bei der Aufnahmeprüfung und ersparte sich so die Demütigung, die später mehrere seiner Offiziersfreunde erlitten, mit denen er sich auf das Examen vorbereitet hatte. Denn im Jahr 1942 beschloss die Admiralität der Vichy-Regierung, die Flotte lieber in Toulon zu versenken, als sich den Alliierten anzuschließen. 1920 dann bat Antoine aus eigenem Antrieb, seinen Militärdienst bei der Luftwaffe ableisten zu dürfen. Dort wurde er dem Bodenpersonal zugeteilt und nutzte seine Freizeit, um Flugstunden zu nehmen, die seine Mutter finanzierte.

Bis zu seinem Entschluss, Flieger zu werden, hatte Saint-Exupéry zwischen zahlreichen Laufbahnen geschwankt; die einzige Tätigkeit, die er nicht in Betracht zog, war die Verwaltung des Schlosses in Saint-Maurice-de-Rémens. Diese Entscheidung mag zum Konkurs des Gutes und seinem Verkauf 1942 beigetragen haben, wodurch Marie de Saint-Exupéry sich gezwungen sah, in ein kleines Haus in Cabris, in der Nähe von Grasse, zu ziehen. Das schriftstellerische Talent, das Exupéry von seiner Mutter geerbt hatte, entwickelte sich schrittweise, insbesondere über eine üppige Korrespondenz und einige kurze Erzählungen. Doch ohne die Ermutigung durch André Gide, einen Freund der Familie und Talentsucher des Verlagshauses Gallimard, hätte Antoines mangelndes Selbstvertrauen seine literarischen Ambitionen möglicherweise im Keim erstickt.

Einige Jahre zuvor, als er nicht nach einem Beruf, sondern nach einer Berufung suchte, hatte Antoine die *École des Beaux-Arts* besucht, um zu unterstreichen, dass er selbst über seine Zukunft entscheiden wollte. Die Grundlagen des Zeichnens, die er sich während dieser kurzen Phase aneignete, sollten ihm später von Nutzen sein und in seine Skizzen zum *Kleinen Prinzen* eingehen.

Consuelo dagegen widersetzte sich ihrer Familie und den althergebrachten Sitten bewusster, indem sie ihren autoritären Vater diplomatisch um den Finger wickelte. Schon dies deutet auf ihr außerordentliches Streben nach Unabhängigkeit hin. Denn noch stärker als Saint-Exupéry sah sie sich tief verwurzelten Traditionen gegenüber, die ihr vorbestimmten, jung zu heiraten und die Linie der Suncíns fortzuführen, die nach dem frühen Tod ihrer vier Brüder vom Erlöschen bedroht war.

Die ersten Schritte auf dem Weg in die Freiheit führten Consuelo 1920 nach San Francisco. Ausgestattet mit einem Stipendium der salvadorianischen Regierung sollte die Neunzehnjährige an einer Schule des Ursulinenordens Englisch studieren. Erstaunlicherweise widersetzte der Vater sich ihren Plänen nicht; vielleicht hoffte er ja, eine Klimaveränderung werde sich günstig auf Consuelos Asthma auswirken, an dem sie seit ihrer Kindheit litt. Da er in der Kräuterheilkunde bewandert war, hatte er ihr in der Vergangenheit häufig Tränke gebraut, um ihre Atembeschwerden zu lindern, allerdings ohne großen Erfolg; seiner Ansicht nach waren das feuchte Klima und die langen Regenzeiten für ihr Leiden verantwortlich. Unglücklicherweise heilte die Krankheit niemals aus, so dass Consuelo ihr Leben lang von der ständigen Furcht vor Erstickungsanfällen gequält wurde – Symptome, auf die im *Kleinen Prinzen* angespielt wird. Die Rose hustet, und ihr Gefährte tröstet sie, »denn sonst ließe sie sich wirklich sterben, um auch mich zu beschämen ...«

Die Aussicht, nach ihrer Ankunft in Kalifornien

hinter Klostermauern zu verschwinden, erschien Consuelo nicht besonders verlockend. So entschloss sie sich, zuerst einmal in Los Angeles Station zu machen. Oft hatte sie davon geträumt, ihr Idol kennen zu lernen, den Schauspieler Rodolfo Valentino. Sie ließ sich in das Nachtlokal fahren, in dem er auftrat, und brachte es fertig, ihm ein Billett zuzuspielen, in dem sie sich als »eine Bewunderin aus den Tropen« vorstellte. Die Begegnung beschränkte sich dann zwar auf einen gemeinsamen Tango, zeugte jedoch bereits von der Faszination, mit der sich Consuelo später immer wieder zu berühmten Männern hingezogen fühlte.

Zwei Jahre blieb Consuelo in San Francisco, einer glitzernden Metropole mit einem regen kulturellen Leben, wo sie sich in den Kreisen der dort ansässigen Lateinamerikaner bewegte. So lernte sie Ricardo Cárdenas kennen, einen mexikanischen Offizier, der zwei Jahre älter war als sie und zu dieser Zeit einen Lehrgang über Methoden der Guerillabekämpfung absolvierte; ein Programm, mit dem die US-Armee die mexikanische Regierung in ihrem Kampf gegen die Rebellion von Pancho Villa unterstützte.

Am 15. Mai 1922, einen Monat, nachdem sie volljährig geworden ist, wird Consuelo vor den Behörden des Staates Kalifornien standesamtlich mit dem jungen Militär getraut. Ihr Leben lang bewahrt sie höchste Verschwiegenheit über dieses Ereignis, obwohl sie nie die beeindruckende, in Gold gefasste Heiratsurkunde vernichtet, sondern sie stattdessen ihrer Familie in Verwahrung gibt. Bloß eine Hand voll enger Freunde wissen von dieser Ehe, und nur sie erfahren bald darauf von dem gewaltsamen Tod Cárdenas', der kurz nach der Rückkehr in seine Heimat bei einem Eisenbahnunfall ums Leben kommt – andere behaupten, er sei in einem Gefecht mit Rebellen gefallen. Auf jeden Fall nahm diese geheimnisumwobene Episode ein dramatisches Ende.

Über Ricardo Cárdenas, von dem die Familie Suncín keine Fotografie besitzt, ist bis auf Consuelos Äußerungen wenig bekannt. Die junge Ehefrau beschreibt ihn als charmant und attraktiv, aber zu heftigen Eifersuchtsanfällen neigend. Angesichts von Consuelos Wissensdurst und ihrem kulturellen Interesse muss man sich ohnehin fragen, ob diese Ehe der Monotonie und Isolation des mexikanischen Grenzpostens standgehalten hätte, von dem aus ihr Mann die Aufsicht über die Eisenbahnlinien führen sollte.

Als Consuelo sich mit Cárdenas vermählte, war ihr sehr wohl klar, dass in Armenia Lisandrio Villalobos auf sie wartete, mit dem sie so gut wie verlobt war. Zweifellos verstand die Familie ihr Verhalten als einen Akt der Rebellion gegen die väterliche Autorität und einen Anschlag auf ihren Ruf. Doch Consuelo hatte keine Gelegenheit mehr, ihrem Vater die Gründe für ihre Handlungsweise von Angesicht zu Angesicht zu erklären, denn im folgenden Jahr erlag Felix Suncín im Alter von vierundsechzig Jahren überraschend einem Herzanfall.

Als Jurist und Besitzer des größten Ladens im Ort war Villalobos, der Consuelo umwarb, seit sie die pädagogische Akademie besuchte, durchaus eine gute Partie. In ihren Aufzeichnungen lieferte Consuelo später eine bissige Beschreibung ihres Verlobten und verpasste ihm den Namen Don Pantaleon. Sie mokierte sich über die Goldkette, die er an der Weste

trug, und seinen gewaltigen, provinziellen Schnauz-
bart. Tatsächlich war Villalobos jedoch nicht der unge-
hobelte Klotz, als den sie ihn darstellt. Er ging in einer
Anwaltskanzlei in San Salvador seinem Beruf nach
und hatte als Liebhaber der Dichtung in Armenia
eine Gruppe gegründet, die Veranstaltungen organi-
sierte, um der Dorfbevölkerung, der es an kulturellen
Anregungen fehlte, die lateinamerikanische Literatur
näher zu bringen.

Nach dem Tod ihres Mannes suchte Consuelo von
neuem Zuflucht bei ihrer Familie. Unter den wachsa-
men Blicken ihrer Mutter ging sie so häufig an Lisan-
drios Arm spazieren, dass man sie wieder als seine
Verlobte betrachtete. Doch trotz ihrer zerbrechlichen
Erscheinung erwies sich die zweiundzwanzigjährige
Witwe – wie später so oft in ihrem Leben – als Meis-
terin in der Kunst, sogar noch ihrem Unglück einen
Vorteil abzugewinnen. Ihre neuen Verbindungen nach
Mexiko sowie die Aussicht auf eine Militärpension
ermöglichten ihr den Zugang zur Universität von
Mexiko-Stadt. Dort schrieb sie sich für das Studium
der Rechtswissenschaften ein, das sie jedoch bald
wieder abbrach, um als Journalistin zu arbeiten.

Doch in der überwältigenden Atmosphäre der mittelamerikanischen Kulturmetropole, die sich durchaus mit dem Flair des linken Seineufers von Paris
messen konnte, in einer von Künstlern und Dichtern
beherrschten Bohème, verflüchtigten sich Consuelos
berufliche Ambitionen rasch. Sie knüpfte eine zärtliche Freundschaft mit dem Schriftsteller Salomon de
Selva, die diesen fast in ein Duell trieb, als sich
Consuelo für José Vasconcelos von ihm trennte. Sie
wusste allerdings auch, dass sie Vasconcelos mit des-

sen Ehefrau und weiteren Mätressen würde teilen müssen.

Vasconcelos selbst, der dank seiner Bildungsreformen in Lateinamerika den Ruf eines Jules Ferry genießt, hat in einer dreibändigen, in seinem Land nach wie vor viel gelesenen Autobiographie die intimsten Details dieser leidenschaftlichen Beziehung geschildert. Der aufrichtige und unumwundene Bericht über ihr kompliziertes, burleskes Abenteuer auf zwei Kontinenten nimmt am Ende, wo er von ihrer endgültigen Trennung erzählt, einen verbitterten Ton an. Sicher eine demütigende Erfahrung für jemanden, der sich eines internationalen Rufs als Politiker, Schriftsteller und Verführer erfreute.

Zwar gibt Vasconcelos seiner Mätresse in seinen Erinnerungen den Kosenamen Charito, doch dies verhinderte später nicht, dass sich bösartige Gerüchte über Consuelos Moral verbreiteten, als Saint-Exupéry von seiner Umgebung gedrängt wurde, sich von seiner Frau zu trennen. Anfang des Jahrhunderts war Charito der Künstlername einer berühmten spanischen Striptease-Tänzerin gewesen. Und für den Fall, dass der Leser die Identität seiner Geliebten nicht erriet, hatte Vasconcelos – entweder versehentlich oder mit Absicht – den Vornamen Consuelo in eine Passage des zweiten Bandes seiner Memoiren, die er mit *Der Sturm* überschrieb, einfließen lassen.

Seine Schilderungen Consuelos zeigen einen außerordentlich rachsüchtigen Zug im Charakter dieses egozentrischen Intellektuellen, dessen aufgestaute politische Ambitionen ihn bewogen, für die Präsidentschaft der Republik Mexiko zu kandidieren. Um seine Ziele zu erreichen, schreckte er später nicht einmal davor zurück, sich zum Jünger Adolf Hitlers zu erklären und finanzielle Unterstützung von der Nazi-Partei anzunehmen. Der Demütigung, die er empfand, als Consuelo ihm erklärte, sie wolle ihre Liaison beenden, verleiht er in seinem Buch mit giftigen Worten Ausdruck. Er setzt die junge Frau mit einer Klapperschlange gleich und erkennt doch ihre unglaubliche Verführungskraft, die auch Saint-Exupéry wie Hexerei erschien. Und Antoines Vertraute, die dem »Samen, weiß Gott woher« – wie es im *Kleinen Prinzen* heißt – feindlich gesonnen waren, griffen sie noch verächtlicher an. So beschränkten sich für seine Schwester Simone, eine verbitterte alte Jungfer, Consuelos Talente auf den sexuellen Einfallsreichtum, mit dem sie ihren Bruder angeblich »in die Falle gelockt« hatte.

Vor dem Hintergrund der zwanziger Jahre gesehen, sind Consuelos Liebesaffären allerdings nichts Ungewöhnliches, sondern fügen sich zwanglos in eine Tradition, die von der Romantik der *Kameliendame* aus dem neunzehnten Jahrhundert bis zu den Extravaganzen der Existentialisten des linken Seineufers nach dem Zweiten Weltkrieg reicht. Sein Herz an einen Mann wie Vasconcelos zu hängen, einen notorischen Ehebrecher, war schon fast banal; ebenso wie Consuelos spätere Entscheidung für den nicht weniger unsteten Gómez Carrillo, der ihr zumindest Ehe und Sicherheit versprach und von dem sie sich erhoffte, in die einflussreichsten literarischen und künstlerischen Zirkel Europas eingeführt zu werden.

Als Vasconelos und Consuelo einander begegneten, war er um die vierzig, und sie zählte dreiundzwanzig

Jahre und besaß den respektablen Status einer Witwe. Das »lateinamerikanische Genie«, der Autor des »nobelsten Werks, dessen Mexiko sich rühmen kann«, wie sich sein Biograph ausdrückt, stand für eine Generation, die zu Beginn des Jahrhunderts, nach dem Zusammenbruch der Autorität der Kirche, von den befreienden Auswirkungen der Revolution auf die Jugend Süd- und Mittelamerikas profitierte. Von bescheidener Herkunft, hatte er es verstanden, die aufeinander folgenden Wellen von Diktatur und schlecht verwalteter Demokratie auszunutzen, um mit siebenundzwanzig Jahren seinen Anwaltstitel zu erhalten und das Athenäum der mexikanischen Jugend zu gründen, wo er mit seinen Freunden Pancho Villa und Francisco Madero seine politischen Aktivitäten mit dem wissenschaftlichen und literarischen Lehrstoff mischte. Neben seiner Verantwortung als Leiter einer öffentlichen Bildungseinrichtung und der Zeit, die er in Frankreich und England auf die Spionage ultrakonservativer Feinde verwendete, hatte er im Alter von vierzig Jahren bereits eine ganze Reihe gelehrter Werke veröffentlicht. Nach dem erfolgreichen Ausgang der Rebellion von Aguapietrista wurde er im Juni 1920 zum Rektor der Universität ernannt und mit der Schaffung eines Ministeriums für Volksbildung beauftragt, das die Rolle Mexikos als Vorreiter der Entwicklung der lateinamerikanischen Kultur signalisieren sollte.

Wie im Europa der zweiten Hälfte des neunzehnten Jahrhunderts gehörte die Alphabetisierung zu den Zielen einer dynamischen intellektuellen Bewegung, die die bekanntesten Schriftsteller spanischer Sprache anzog, unter ihnen Gabriela Mistral, die nach

Mexiko eilte, um mit Vasconcelos zusammenzuarbeiten. In den Augen der progressiven mexikanischen Jugend war er ein Held ohnegleichen. Täglich standen Bewunderer und vor allem Bewunderinnen vor seinen Büroräumen Schlange, um sich von ihm einen Rat oder eine Arbeitsstelle zu erbitten. Und eines Tages im Jahr 1923 befand sich auch eine junge Witwe, Consuelo Cárdenas, unter den Personen, die um eine Audienz nachsuchten.

Vasconcelos' Privatsekretär berichtet, sie sei in das Vorzimmer des Büros eingelassen worden, wo sie vier Stunden darauf wartete, dass der Meister seine morgendlichen Gespräche beendete, die er ohne sich zu setzen, aber sehr konzentriert führte. Als er endlich auf sie aufmerksam wurde, verabschiedete sie sich mit den Worten, dass sie sich als Journalistin sehr freue, seine Methode der öffentlichen Audienzen kennen gelernt zu haben. Diese Antwort erweckte in Vasconcelos ein lebhaftes Interesse für die Frau, die ein solches Selbstbewusstsein an den Tag legte. In ihrer Version allerdings, die sich von der des Sekretärs unterscheidet, erzählt Consuelo, dass sie auf Arbeitssuche gewesen sei und sich Vasconcelos mit einem Bewerbungsschreiben vorgestellt habe. Der Meister habe sie angesehen, dann den Brief überflogen, ihn auf die Liste der Ablehnungen gelegt und erklärt: »Sie sind hübsch, und hübsche Frauen stellen wir hier nicht ein.« Er deutete an, sie könne doch eine andere Beschäftigung finden. Aufgebracht über seine Bemerkung, die sie als Aufforderung zur Prostitution verstand, wandelte sich Consuelo zu einer erbitterten Gegnerin Vasconcelos', bis eine salvadorianische Freundin, die Medizin studierte, sie überredete, an den Diskussionsrunden teilzunehmen, bei denen der »Meister« präsidierte. Und im Verlauf dieser angeregten Sitzungen muss sich der ehrenwerte Vierziger, den seine Studenten »Pythagoras« nannten, rettungslos in Consuelo verliebt haben.

Eine der ungerechtesten Behauptungen ihrer Kritiker besagt, Consuelo sei nur eine frivole Person gewesen und hätte ihren Liebhabern wenig mehr als ihren Körper zu bieten gehabt. Obwohl Vasconcelos nach ihrer späteren melodramatischen Trennung gekränkt war und seiner Ex-Mätresse grollte, hat er in seiner Autobiographie durchaus Consuelos zauberischer Persönlichkeit und ihrer außerordentlichen erzählerischen Begabung Respekt gezollt – Letzteres vielleicht ein Talent, das sie in ihrer eigenen Sprache noch besser beherrschte denn auf Französisch.

»Nicht ihre Schönheit macht diese Frau so gefährlich, sondern ihre Fähigkeit, einen Mann mit Worten an sich zu fesseln«, schreibt der mexikanische »Maestro« in einer Anspielung auf Shakespeare. Ein außerordentliches Kompliment von einem Mann, der fasziniert war von den Gedichten Gabriela Mistrals und mehr als fünfzig Bücher – philosophische Werke, Biographien, Theaterstücke, politische Essays und eine Geschichte Mexikos – verfasst hatte.

Der elegante Erziehungsminister schrieb 1933 eine Reihe von Novellen unter dem Titel *La Sonata Mágica*, die direkt durch Consuelos Bild inspiriert sind. Im Verlauf der Erzählungen kann der Leser erahnen, wie sehr sich Vasconcelos von dem Moment an, in dem er sie zu den Redaktionssitzungen seiner Tageszeitung *La Antorcha* einlädt, von Consuelos Gegenwart verzaubern lässt. Nach seinem Misserfolg bei den Provinzgouverneurswahlen lässt er die Zeitung 1925 in Paris wieder aufleben. Es existiert jedoch nicht der kleinste Hinweis darauf, dass Consuelo in Mexiko Presseartikel geschrieben hätte; ihre Mitarbeit an der Zeitung beschränkte sich auf ihren Beitrag zum Wohlbefinden ihres Chefredakteurs, dessen 1936 verfasste Erinnerungen dies sehr anschaulich schildern.

Ein melodischer Körper

»Charito ist keine Tänzerin, doch sie trägt Musik in sich«, schreibt Vasconcelos. Er lässt sich verführen von der Anmut ihrer Bewegungen, dem Rhythmus ihres Körpers und seiner ganz besonderen Musik, und setzt hinzu: »Charito besaß diese Musik in der Stimme, und der Schlüssel zu dieser Melodie war ihre Art zu sprechen. Sie verzauberte mit ihrer Stimme. Auf ihren Lippen gewannen die Worte Sinnlichkeit und Harmonie.«

Der Großteil der Fotos von Consuelo, selbst die, auf denen sie als junges Mädchen zu sehen ist, zeigen ein nur verhalten lächelndes, beinahe schmollendes Gesicht, das nicht so recht zu dem Bild der Frau passen will, die – wiederum laut Vasconcelos – »die gewöhnlichsten Verse in einen Gesang aus kristallklaren Klängen« verwandelte. Der mexikanische Minister greift zu seiner besten Prosa, um die Musik in Charitos Stimme und die Melodie ihres Körpers fühlbar zu machen, und geht dann rasch zu dem Feuer ihrer schwarzen Augen über, ihren blassen Wangen, den schmalen Lippen und ihrem zarten Hals.

In Mexiko wie in Paris war Vasconcelos Gegenstand der Begierde einer ganzen Schar von Bewunderinnen, die sich danach sehnten, eng mit ihm zusammenzuarbeiten. Die Faszination, die Consuelo auf einen so verwöhnten Mann auszuüben vermochte, ist nur durch eine einzigartige, beinahe magische Verführungskraft, gepaart mit großem Scharfsinn, zu erklären. Sehr schnell verspürte der Schriftsteller die Notwendigkeit, einen Teil seines Arbeitstages der jungen Frau zu widmen, die er als »arbeitsam, stürmisch, mitteilsam und voller Elan« beschreibt.

Sie verbringen Stunden in der Redaktion, und Consuelo spricht, erzählt auf ihre Weise ihr Leben und erfindet Geschichten, die Vasconcelos beim Schreiben seiner Romane inspirieren. *Das verwunschene Haus*, eine dreiseitige Novelle, beschreibt zwei Liebende, die in einem Menschenauflauf getrennt werden. Der Mann fühlt sich unwiderstehlich zur Tür eines Hauses hingezogen, an dem er vorübergeht. Er durchquert leere Räume und findet sich in einem von gleißend hellem Sternenlicht erleuchteten Garten wieder. Er spürt die Nähe seiner Geliebten und versucht sie zu umarmen, aber alles, was er berührt, ist substanzlos. Seine Hände gleiten durch die Materie hindurch – ein Gefühl, das der Autor mit der Durchdringung einer idealen Form der Schönheit vergleicht.

»An diesen Orten voller Wollust dachte er an sie und daran, wie sehr er in sie einzudringen wünschte, aber nicht so wie andere Liebhaber, sondern indem er vollständig in ihr versank, ohne sich dabei selbst zu zerstören« – so lauten die letzten Worte der Geschichte.

Vasconcelos kannte diese verborgene Seite seiner Geliebten und wusste, dass sie ihm ihre geheimnisvolle Persönlichkeit nie ganz offenbaren würde. Und sie bestätigte diesen Eindruck, als sie plötzlich Mexiko verließ, nach Armenia zurückkehrte und drohte, Vasconcelos nie wiederzusehen. Ihr ehemaliger Verlobter Villalobos, inzwischen zum wohlhabendsten Pflanzer der Region aufgestiegen, hatte nie daran gezweifelt, dass sie zu ihm zurückkehren würde. Von neuem hielt er um ihre Hand an und erweckte große Hoffnungen bei ihrer Familie, die daran interessiert war, die beiden bedeutendsten Kaffeeplantagen der Gegend zu vereinen. Doch nach mehreren Wochen in der Monotonie Armenias muss Consuelo erkannt haben, dass ihre Zukunft anderswo lag, und sie zögerte nicht, die Beziehung zu Vasconcelos in leidenschaftlichen Briefen wieder aufzunehmen. Mehrere Male versichert sie ihm darin, dass sie ihre Bestimmung erkannt habe, nämlich einem großen Mann »in den Ruhm oder in den Ruin« zu folgen.

Nach dem unerfreulichen Ausgang seiner Kandidatur zum Provinzgouverneur, die eigentlich den ersten Schritt auf seinem Weg zur Präsidentschaft darstellen sollte, hielt Vasconcelos es für angeraten, Mexiko zu verlassen. Er entschied sich für das Exil in Paris, der romantischsten Stadt der Welt. Am 2. November 1925 traf er in Begleitung von Frau und Kindern in der französischen Hauptstadt ein. Kurz darauf erhielt er einen Brief von Consuelo, in dem sie ihn bat, ihr die Hälfte des Preises für eine Schiffspassage nach Frankreich zuzuschießen.

»Ich schickte ihr nicht die Hälfte, sondern den vollen Fahrpreis. Wenn zärtliche Gefühle im Spiel sind, denkt man nicht an die Folgen«, schreibt er in seiner Autobiographie.

Am 26. Januar 1926 ging Consuelo in Frankreich an Land und mietete sich ein Zimmer in einem kleinen Hotel nahe den Markthallen. Einige Stunden später lag sie in den Armen ihres Liebhabers und bezeugte ihm ihre glühende Leidenschaft, die sicher noch gesteigert wurde durch den Glanz einer Stadt, die sich auf dem Höhepunkt ihrer kulturellen Wiedergeburt befand.

Alfonso Reyes, ein weiterer Dichter und Repräsentant der mexikanischen Gesandtschaft in Paris, liefert eine bemerkenswerte Beschreibung Consuelos kurz nach ihrer Ankunft in Paris. Vasconcelos hatte ihn eingeladen, im *Grand Véfour* in der Nähe des Palais-Royal mit ihm und seiner Freundin zu dinieren, und Reyes vermochte kaum den Blick von Consuelos leuchtenden Augen mit ihren seidigen Wimpern zu wenden. Langsam schaute sie sich im Saal um und richtete ihre Aufmerksamkeit auf die elegant gekleideten Speisenden. »Ist dies der schickste Ort von Paris?«, wollte sie dann von Vasconcelos wissen. »Sind das hier die elegantesten Frauen von Paris? Schön, mit denen kann ich es aufnehmen.«

Consuelo schien auf dem besten Wege, die Träume von schönen Kleidern und Schmuck zu verwirklichen, die sie Claudia Lars als kleines Mädchen von neun Jahren im feuchtheißen Armenia anvertraut hatte.

Das silberne Schiff

Für Consuelo, die mittellose, aber schöne Studentin der *Alliance française*, war 1926 das Jahr, in dem sie sich begeistert in ein unbekümmertes Pariser Künstlermilieu stürzte. Antoine de Saint-Exupéry jedoch durchlief zu dieser Zeit die schlimmste Phase seines Lebens. Die zukünftigen Ehegatten werden beide das *La Coupole* und andere Bars in Montparnasse besucht haben, aber es ist wenig wahrscheinlich, dass Consuelo – Adel hin oder her – diesem Handlungsreisenden mit der melancholischen Miene, der an den Wochenenden nach Paris kam, einen zweiten Blick gegönnt hätte. Hinter ihm lag meistens eine scheußliche Woche, in der er die Départements Allier, Cher und Cantal abgeklappert hatte, um den wenig entgegenkommenden Bauern Saurer-Lastwagen zu verkaufen.

Antoine war weder attraktiv noch reich genug, um ein schweres Handikap wettzumachen: Er führte ein mühsames, eintöniges Leben, von dem er seiner Mutter und seinen Freunden – darunter Renée de Saussine, seit seiner Kindheit seine liebste Brieffreundin, die er als die Herausgeberin seiner Werke bezeichnete, ehe er auch nur eine einzige Zeile veröffentlicht hatte – in ironischem Ton berichtete. Die Heimkehr nach Paris in sein baufälliges Hotel am Boulevard Ornano, in einem Arbeiterviertel, trug zweifellos auch nicht dazu bei, seine Stimmung aufzuhellen. Consuelo logierte wahrscheinlich auch nicht unter besseren Verhältnissen, aber eine Zeit lang wohnte sie in einem der lebendigsten Viertel des Zentrums, in der Nähe der Markthallen und nur einen Katzensprung von den angesagten Treffpunkten entfernt.

Einen Ausgleich für seine Langeweile fand Antoine am Steuer seines Dienstwagens, eines schnellen, wendigen Zedal-Sygma mit der Silhouette eines Kometen. Aber trotz seiner Leidenschaft für Autos konnte dieser kleine Trost ihn nicht aus einem moralischen Tief reißen, das langsam chronisch wurde. Während seine zukünftige Frau Geschmack an »Bällen und Empfängen« fand – eine Neigung, die ihm nach ihrer Heirat übertrieben schien –, fasste er sein Leben so zusammen: »Es besteht aus Kurven, die ich so schnell wie möglich nehme, und Hotels, die sich alle gleichen. Ich bin zutiefst niedergeschlagen.«

In einem Brief an seine Familie gesteht er seine Verlassenheit mit den folgenden Worten: »Ich führe ein schrecklich einsames Leben, immer auf den großen Straßen. Ein wenig komme ich mir vor wie der Ewige Jude. Niemals schlafe ich zwei Nächte in derselben Stadt. In meinem Leben passiert nichts. Ich stehe auf, ich chauffiere, ich esse. Ich denke an nichts. Was für ein trauriger Zustand.«

Doch letztendlich war dieses dunkle Jahr keine gänzlich verlorene Zeit und ging mit einem optimistischen Ausblick zu Ende. An seinen freudlosen Abenden in den Provinzhotels hatte er Zeit gefunden, seinen Stil zu entwickeln, den er in einer umfangreichen Korrespondenz, die nach und nach einen Teil seiner Nächte verschlang, vervollkommnete. Während seiner Wochenenden in der Hauptstadt traf er mit Vorliebe seine Freunde im Café und beteiligte sich an langen Diskussionen über die aktuellen literarischen Ereignisse. Oder er hielt sich abseits und machte Notizen in einem Heft, das er – wie auch seine Briefe – mit Skizzen illustrierte, in denen in Ansätzen bereits der Kleine Prinz zu erkennen ist. Auch erhielt er Gelegenheit zu einem ersten kleinen Vorstoß in die Verlagswelt: André Gide empfahl ihn Jean Prévost, der trotz seines jugendlichen Alters bereits veröffentlicht hatte und eine neue Zeitschrift, *Le Navire d'argent*, das silberne Schiff, herausgab.

Und in dieser literarischen Zeitschrift, der nur eine kurze Existenz beschieden war, erschien Antoine de Saint-Exupérys erste Erzählung, *Der Flieger*, eine erste Fassung von *Südkurier* – die Geschichte eines vom Pech verfolgten Piloten. Sie beruht auf seinen eigenen Erlebnissen als Pilot eines Lufttaxis in Orly, ein Dienst, zu der die Reserveoffiziere der Luftwaffe verpflichtet waren.

In diesem Werk flossen endlich seine beiden Berufungen zusammen, das Schreiben und die Fliegerei, und er gelangte zu dem Entschluss, die Pilotenlaufbahn einzuschlagen. Nachdem Madame de Saint-Exupéry sich für ihn verwendet hatte, empfing ihn am 12. Oktober 1926 Beppo de Massimi, Präsident und Direktor der Fluglinie *Latécoère*, zu einem Gespräch. Schon einige Tage später fuhr Antoine nach Toulouse und schloss sich einer Mannschaft von Flugpionieren an, der auch Henri Guillaumet und Jean Mermoz angehörten.

Mit Saint-Exupérys Abreise aus Paris zerschlug sich die Möglichkeit einer zufälligen Begegnung mit Consuelo. Hätten die beiden sich verstanden, wenn er sich als anerkannter Autor hätte vorstellen können? Wahrscheinlich nicht, wenn man Antoines Neigung zum Moralisieren berücksichtigt, besonders in Bezug auf illegitime Liebschaften. In *Südkurier* geißelt er unwissentlich Consuelos leichtsinniges, frivoles Milieu, vergleichbar dem des *La Coupole*, das er als einen freudlosen Tempel zufälliger amouröser Begegnungen ansah. Seine Kritik scheint auf die blühenden Backfische in den Armen ihrer angegrauten Liebhaber zu zielen, eine Beschreibung, die genau auf Consuelo passte.

»Mehr kann ich dir auch nicht geben ...«

Einige Wochen, nachdem sie sich im Viertel um die Markthallen niedergelassen hatte, zog Consuelo in ein Studentenheim im Quartier Latin, denn sie beabsichtigte, nach ihrem Gastspiel bei der *Alliance française* an der Sorbonne französische Literatur zu studieren. Viel später erwähnen salvadorianische Journalisten ihren Abschluss in Literaturwissenschaften, vielleicht auf Grund von Consuelos Korrespondenz mit ihrer Mutter. Ihr versicherte sie, das Leben einer fleißigen Studentin zu führen, das die – wenn auch sporadischen – Postanweisungen aus Armenia rechtfertigte. Schon jetzt hatte sie der lateinamerikanischen Gemeinde ihren Stempel aufgedrückt. Es sind Aussagen von Zeitgenossen erhalten, die einen Eindruck vermitteln, wie sehr sie trotz ihrer bescheidenen Garderobe, die ein schmales Budget verriet, durch ihr überschäumendes Temperament und ihre Redekunst zu faszinieren vermochte. Zwar existiert nicht der geringste Hinweis darauf, dass sie sich an der Sorbonne immatrikuliert hätte, doch es haben einige Belege überdauert, dass sie gelegentlich für die Madrider Presse schrieb sowie für Vasconcelos' regierungskritische mexikanische Zeitschrift *La Antorcha,* die sich mangels finanzieller Unterstützung in Paris jedoch nicht lange hielt.

Vasconcelos war durch seine familiären Verpflichtungen und den Zwang, ständig politische Gespräche mit anderen Oppositionsbewegungen zu führen, vollständig mit Beschlag belegt und konnte Consuelo nicht so viel Zeit widmen, wie diese gewünscht hätte. Auch finanziell scheint er nicht besonders großzügig gewesen zu sein, vielleicht, weil ihm die Mittel dazu fehlten. Vasconcelos' ernstes Naturell – gar nicht zu reden von dem lehrhaften Ton seiner Bücher – passte im Grunde nicht zu Consuelos Vorstellung von einem Leben voller Zerstreuungen und Vergnügungen. Trotz ihrer großen Bewunderung für die außerordentliche Intelligenz ihres Geliebten kann man sich kaum vorstellen, dass sie die Muße gefunden hat, die beiden beeindruckenden Werke zu lesen, die er in Paris verfasste: *La raza cósmica* und *Indología. Una interpretación de la cultura ibero-americana.* Die Arbeit an diesen Büchern dürfte ihre heimliche Beziehung ebenfalls ernsthaft beeinträchtigt haben.

Mit den Monaten bemerkte der zukünftige mexikanische Präsidentschaftskandidat eine subtile Veränderung in Consuelos Haltung. »Sie gab sich jetzt distanziert, gelassen, doch in ihren Augen brannte ein Feuer, das teuflische Genüsse verhieß«, schreibt er in *Der Sturm* und ruft sich ein Gespräch ins Gedächtnis, in dem sie ihm mit verblüffender Offenheit an den Kopf warf: »Du erwartest wenig von mir, und mehr kann ich dir auch nicht geben. Du bist nur ein Hengst, und ich bin deine Stute.«

Dennoch vermochte Vasconcelos sich nicht von seiner Besessenheit für eine Frau zu befreien, die er als »verrückt, einzigartig und voller Widersprüche« beschreibt. Eines Tages bittet er sie, ihm ihre Seele zu öffnen, und sie antwortet: »Das ist unmöglich. Ich bin mir sicher, dass du eine Seele besitzt, aber ich nicht. Ich habe nicht das Gefühl, eine Seele zu haben. Ich glaube, dass wir nicht alle eine haben.« Merkwürdige Worte von einer tiefkatholischen Frau, die beim kleinsten Missgeschick in eine Kirche eilte, um vor dem Altar der Jungfrau Maria eine Kerze anzuzünden.

Vasconcelos war ständig hin- und hergerissen zwischen seinen Pflichten, seiner Familie und seinen Gefühlen, und so dauerte es nicht lange, bis er einen Schwächeanfall erlitt, der ihn zwang, nach Biarritz zu reisen, um seine Gesundheit wiederherzustellen – und, wie seine Freunde meinten, seine Moral. Einige Jahre später übte einer seiner Mitarbeiter, Carlos Pellicer, als Erster scharfe Kritik an Consuelo.

»Wir verurteilten dieses Doppelspiel zutiefst«, schreibt er, »und alle litten darunter.«

Was den abgelegten Liebhaber angeht, so waren seine bitteren Schmähungen so heftig wie zuvor die gemeinsame Leidenschaft. Zehn Jahre später beschreibt Vasconcelos seine Geliebte in seinen Memoiren als eine Frau mit »der Zunge einer Viper und dem Lächeln einer Klapperschlange« und fragt sich, ob sie ihn so sehr geliebt habe, wie sie behauptete.

Dennoch, die Auseinandersetzungen, die sich die beiden im Lauf ihrer Liaison lieferten, waren die üblichen Beziehungsquerelen; sie fielen höchstens spektakulärer aus, weil hier zwei Dickköpfe mit lateinamerikanischem Temperament aufeinander prallten. Consuelo hatte durchaus gute Gründe, Vasconcelos zu grollen. Trotz seiner zur Schau getragenen Zuneigung war er immerhin ein Mann von siebenundvierzig Jahren, der nicht die geringste Absicht zu erkennen gab, seine mexikanische Gattin und die zwei gemeinsamen Kinder zu verlassen. Wie immer in Herzensdingen lässt sich schwer entscheiden, wer wen zur Verzweiflung oder zu Entgleisungen getrieben haben mag.

Die bewegte Beziehung zwischen den beiden hätte sich noch lange fortsetzen können, wäre Vasconcelos nicht zu einer Vortragsreise nach Südamerika eingeladen worden. Als er einen Monat später zurückkehrte, fand er Consuelo in den Armen eines anderen wieder – eines lateinamerikanischen Schriftstellerkollegen, von dem sie hoffte, dass er sie heiraten würde.

3. KAPITEL

Das beste Schwert von Paris

Paradoxerweise führten gerade die radikal gegensätzlichen Lebenswege, die Antoine de Saint-Exupéry und Consuelo Suncín, verwitwete Cárdenas, während der letzten Wochen des Jahres 1926 einschlugen, zu ihrem Zusammentreffen in Buenos Aires im Jahre 1930 und bildeten zugleich den Grund für die Spannungen, die später ihre Ehe ins Wanken brachten. Nachdem er auf der Suche nach seinem Weg eine Zeit lang unschlüssig gewesen war, schickte Antoine sich nun an, das quasi klösterliche Leben eines Piloten anzutreten; zunächst auf einem Vorposten in Spanisch-Sahara und später im Schatten der Anden. Nachdem er im Ersten Weltkrieg nur knapp der Einberufung entgangen war, ergriff er jetzt die Gelegenheit, welche ihm die *Latécoère* bot: die Erfahrung von Einsamkeit und männlicher Kameradschaft; ein Leben, das von Zeit zu Zeit durch flüchtige Frauenbekanntschaften aufgelockert wurde. Seine neue Existenz sollte ihm zudem die Möglichkeit bieten, angesichts der Naturgewalten, denen die Piloten ständig ausgesetzt waren, seinen Mut auf die Probe zu stellen. Unter diesen Fliegern stach der unerschrockene Joseph Kessel hervor, ein Veteran aus dem

Großen Krieg und mit seinem 1924 veröffentlichten Roman *L'Équipage* der einzige bedeutende Vertreter des Fliegermilieus in der Literatur. Als Antoine de Saint-Exupéry Consuelo im September 1930 überraschend in Buenos Aires begegnete, hatte er seine Erfüllung in einer gefahrvollen Tätigkeit gefunden, in der eigentlich kein Platz für eine Ehe war.

Der Weg, den Consuelo seit Dezember 1926 einschlug, stand in völligem Gegensatz zu dem Antoines: Sie trat offiziell in eine tonangebende Elite ein und wurde dadurch letztlich zu einer wohlhabenden Frau, die von etlichen namhaften Schriftstellern und Künstlern umworben wurde. Der Mann, der ihren Aufstieg von der Midinette zur Muse beschleunigte, war Gómez Carrillo, eine der extravagantesten literarischen Gestalten seiner Zeit. Als er im November 1927 starb, elf Monate nach ihrer Heirat, hinterließ er seiner jungen Witwe genug Ruhm und Reichtum, um ihr weitere Türen zu öffnen. Doch wie sich herausstellte, war das einzige Gebiet, zu dem sie keinen Zugang fand, ausgerechnet die abgeschottete, gefahrvolle Welt, in der sich Antoine bewegte.

Der Bruch zwischen Consuelo und Vasconcelos ähnelte einer Vaudeville-Komödie mit grotesken Szenen und war des Don-Juan-Rufs der beiden beteiligten Rivalen würdig – des mexikanischen Philosophen und des Mannes, der ihm seine Mätresse stahl, dem flammenden Feuilletonisten und Schriftsteller aus Guatemala. Seit ihrer unglücklichen Ehe mit Cárdenas hatte Consuelo eine gute Schule durchlaufen und die Kunst erlernt, Männer zu manipulieren und sie mit vollendetem Geschick gegeneinander auszuspielen.

Heute ist Gómez Carrillo ein wenig in Vergessen-

heit geraten, doch zu Beginn des Jahrhunderts zählte
er, seit er sich 1891 in der französischen Hauptstadt
niedergelassen hatte, zu den einflussreichsten Vertre-
tern der Pariser Kulturszene. Zeitgenossen beschreiben ihn als einen Renaissancemenschen, der von
seinem Äußeren und seinem Temperament her ro-
mantischer wirkte als Vasconcelos. Von seiner Mutter, die zur Hälfte Französin war, hatte er den Sinn
für Ästhetik und eine tiefe Bewunderung für die
französische Kultur geerbt und von seinem Vater die
unglaubliche Arbeitsproduktivität. Dieser war ein
strenger Familienpatriarch, der die spanischen Traditionen hochhielt und den Knaben stundenlang in der
Bibliothek einschloss, um ihm die Liebe zu den Büchern einzubläuen und ihn in die Kultur einzuführen.
Gómez Carrillos Familie lebte während seiner Kindheit mehrere Jahre in Spanien, bevor sie ins heimatli-
che Guatemala zurückkehrte. Möglicherweise trafen
sie dort sogar mit der Familie Sandoval zusammen,
mit der sie verwandt waren.

Der junge Mann war ein brillanter Student, und so
erschien es nur normal, dass er in den Genuss eines
Stipendiums des Präsidenten kam, um – nach dem
Beispiel der besten Intellektuellen Zentralamerikas –
seine akademische Ausbildung in Spanien fortzusetzen. Doch die neue Elite wollte nichts von dem mo-
narchischen Erbe Spaniens wissen, von dem die Revolution sie befreit hatte, und wünschte sich nichts
sehnlicher, als in die anregende Atmosphäre von Paris einzutauchen. So missachtete Enrique die Anwei-
sungen des Präsidenten, sich nach Madrid zu bege-
ben, und entschied sich für Frankreich. Dort fand er
sogleich Zugang zu einem von den Lyrikern Rubén

Darío und Antonio Machado geleiteten Bohemezirkel. In diesem künstlerisch-frivolen Milieu trug ihm sein düster-attraktives Äußeres Erfolge bei Männern wie bei Frauen ein. Seinen bisexuellen Neigungen ließ er in einem Flirt mit Oscar Wilde freien Lauf, der ihm, wie er später schreibt, Blumen schickte. Durch seine monatlichen Stipendienzahlungen war er in der Lage, Paul Verlaine, der den Absinth liebte und häufig ohne einen Sou dastand, finanziell zu unterstützen. Er kaufte persönliche Gegenstände zurück, die der Dichter versetzt hatte – kleine Möbelstücke, Kleider und sogar seinen Stock; Reliquien, die Consuelo erbte und bis zu ihrem Tod im Jahre 1979 aufbewahrte.

In seinem Buch *Dreißig Jahre aus meinem Leben*, das er vor seiner Begegnung mit Consuelo schreibt, lässt Gómez Carrillo sich ganz offen über seine Homosexualität aus, und das letzte Kapitel endet mit einem Kuss zwischen zwei Männern. Diese Neigung hat er vielleicht noch nicht ganz abgelegt, als er sich 1906 in erster Ehe mit Aurora Cáceres vermählt, einer reichen, imposanten und intelligenten Dichterin, die der peruanischen Oligarchie entstammt. Doch die Ehe findet zehn Monate später ein abruptes Ende, als Aurora ihrem Mann vorwirft, er habe sich kompromittiert, indem er auf der Terrasse eines Cafés mit ihrem Chauffeur getrunken habe, während er darauf wartete, dass sie von einem Termin bei ihrem Zahnarzt zurückkehrte. In ihrem Bericht über ihre kurze Ehe, *Mein Leben mit Gómez Carrillo*, verrät sie, was auf diesen Zwischenfall folgte. Wieder zu Hause, habe sie von Enrique verlangt, den Chauffeur zu entlassen. Er soll mit den folgenden Worten zugestimmt haben:

»Sie sind antidemokratisch. Schön, er geht, aber ich gehe ebenfalls.«

In ihrer Erzählung beschreibt Aurora ihren Mann als ewig unzufrieden, zu unerträglichen Stimmungsumschwüngen und zu Gewaltausbrüchen neigend. Er hatte seine Dandyhaltung gegen die Pose eines modernen Blaubarts eingetauscht, eines leidenschaftlichen Schürzenjägers, der jeder seiner Mätressen mindestens vier Bücher widmete. Und diese bedankten sich bei ihm mit den allerschönsten Komplimenten über seine Liebeskünste; eine der Damen erklärte, »seine Liebkosungen waren so zart, dass man meinte, seine Hände seien aus Blütenblättern gemacht.«

»Am besten lernt man eine Stadt kennen, indem man ihre Frauen umarmt«, schrieb Carrillo, bevor er 1915 in zweiter Ehe Raquel Meller heiratete, eine spanische Cabaretsängerin und ebenso extravagant und egozentrisch wie er selbst. Zwar ging auch diese Ehe schnell wieder in die Brüche und endete mit einer Scheidung. Aber Gómez Carrillos Wohnung quoll noch jahrelang von Porträts und Darstellungen dieser strahlenden Künstlerin über, deren Auftritte im Flamenco-Stil er als treuer Zuschauer weiterverfolgte.

Als Consuelo 1925 in Paris eintraf, besaß Carrillo einen ans Legendäre grenzenden Ruf, der zum Teil auf seiner – wie ihm stets bestrittenen – Beteiligung an der Verhaftung der Geheimagentin Mata Hari gründete, und vor allem auf der Aufregung, die seine Biographie der schönen Niederländerin, die 1917 erschossen worden war, hervorgerufen hatte. Den Gerüchten zufolge, die in einem für gewöhnlich gut informierten Milieu umgingen, hatte er sich vom französischen Abwehrdienst anwerben lassen und dabei mitgewirkt, der Spionin eine Falle zu stellen. Nach einem heimlichen Rendezvous mit Gómez Carrillo in Madrid, wohin sie regelmäßig reiste, um ihre Arbeitgeber aufzusuchen, die Zeitungen *ABC* und *El Liberal*, die ihre Pariser Chroniken veröffentlichten, soll sie dann festgenommen worden sein. Welche Rolle Carrillo bei ihrer Verhaftung auch gespielt haben mag, jedenfalls wurde er nach dem Waffenstillstand für die Frankreich während des Krieges erwiesenen Dienste zum Kommandeur der Ehrenlegion befördert.

Noch erstaunlicher als Gómez Carrillos beträchtliche literarische Produktion nimmt sich die Höhe seiner Einkünfte aus, welche die der Politiker, mit denen er dinierte, bei weitem überstiegen. In den ersten drei Jahrzehnten des Jahrhunderts, vor dem Aufkommen des Fernsehens und des Tonfilms, waren Erfolgsautoren Berühmtheiten und konnten Honorare verlangen, mit denen sie auf großem Fuße lebten wie heutzutage die Stars des Showgeschäfts.

El Mirador, Gómez Carrillos Villa auf den Höhen von Cimiez in Nizza, wo er den größten Teil des Winters verbrachte, bestand aus ungefähr fünfzehn Räumen. Von der einen Seite des Hauses blickte man auf die Mittelmeerküste, von der anderen auf die Alpen. Carrillo war ein unermüdlicher Arbeiter, der sich nach wenigen Stunden Schlaf bei Sonnenaufgang erhob und den Morgen dem Verfassen seiner Artikel widmete, im Allgemeinen literarische, politische oder soziale Anmerkungen zum Leben in Frankreich, die für die spanische Presse bestimmt waren oder für die von ihm in Paris gegründete Zeitschrift *L'Espagne*. Der Rest seiner Zeit gehörte dem Schreiben seiner Bücher, einem aktiven gesellschaftlichen Leben und der Verfolgung seiner amourösen Abenteuer. Seine Pariser Wohnung in der Rue de Castellane wird von Zeitgenossen als kleines Museum geschildert. Besucher bewunderten sowohl den Wert als auch die Schönheit all der Meisterwerke, die er selbst erworben oder die ihm Freunde, zu denen unter anderem Salvador Dalí und Gabriele d'Annunzio gehörten, zum Geschenk gemacht hatten.

Doch Consuelos Wahl fiel nicht nur aus finanziellen Gesichtspunkten auf Gómez Carrillo, denn sie besaß genug Vorzüge, um einen nach materiellen Kriterien ebenso interessanten anderen Ehemann zu erobern. Sie war fasziniert vom Zauber des Wortes und fühlte sich unwiderstehlich zu Schriftstellern hingezogen. Durchaus möglich, dass sie *Die Kunst der Prosa* gelesen hat, einen in spanischer Sprache verfassten Essay aus Gómez Carrillos Feder, den Puristen als das beste didaktische Werk zu diesem Thema betrachten.

Saint-Exupéry, dessen gerundete Handschrift seltsamerweise der Carrillos ähnelt, verbrachte einen ganzen Teil seiner Nächte damit zu schreiben und seine Manuskriptseiten zu überarbeiten, wenn auch das Endergebnis weit weniger umfangreich war: vier nicht besonders dicke Bücher und einige Zeitungsartikel, die das Gerüst zu *Wind, Sand und Sterne* bilden. Viel später wird Consuelo die Arbeitsmethoden ihrer beiden Ehemänner vergleichen: »Während Gómez Carrillo mit Leichtigkeit schrieb, plagte Antoine sich fürchterlich damit.«

Bei ihrer Eheschließung war Consuelo der Don-Juan-Allüren ihres lateinamerikanischen Verlobten gründlich überdrüssig. Um des schmachtenden Blicks seiner Damen willen hatte er bereits achtzehnmal einen Rivalen zum Duell gefordert, für gewöhnlich mit dem Rapier, was ihm den Ruf eintrug, das beste Schwert von Paris zu führen. Einer seiner illustren Gegner war kein anderer als Charles Maurras, der Chef der monarchistischen, rechtsgerichteten Bewegung *Action française*.

Carrillos Empfindlichkeit und sein launisches Temperament schmälerten weder den Einfluss, den er auf den internationalen Kreis seiner Bewunderer ausübte – man kam im *Café Napolitana* zusammen, dem beliebtesten Treffpunkt der Lateinamerikaner –, noch schadeten sie ihm in seiner Tätigkeit als argentinischer Konsul, ein Ehrenposten, den ihm Präsident Hipólito Irigoyen angetragen hatte, als der Schriftsteller die argentinische Staatsbürgerschaft annahm.

Ein weiterer Beleg für Consuelos erzählerisches Talent ist die Art, wie sie ihrer Begegnung mit Gómez Carrillo einen Hauch von Farbe und Romantik verlieh, indem sie das Zusammentreffen in eine bizarre Umgebung verlegte – einen Maskenball bei dem fauvistischen Maler Kees Van Dongen. Unter den Gästen befand sich auch der feurige Guatemalteke, der wie vom Blitz getroffen war, als er Consuelo erblickte. Da ahnte er noch nicht, dass die Zukunft für ihn dieselben Qualen bereithielt, die Vasconcelos erlitten hatte und die eines Tages Saint-Exupéry kennen lernen sollte. Allerdings lässt Consuelo den höchst prosaischen Umstand unter den Tisch fallen, dass ihre Mutter Ercilia Sandoval sie mit einem Empfehlungsschreiben an Carrillo ausgestattet hatte, mit dem sie entfernt verwandt war.

Die Geschichte des Zusammentreffens einer fünfundzwanzigjährigen Schönheit, die sich gern für neunzehn ausgab, mit dem produktiven und ungestümen dreiundfünfzigjährigen Schriftsteller hätte keiner Verklärung bedurft, denn verglichen mit dem darauf folgenden Melodram, von dem Vasconcelos und Gómez Carrillos Sekretär Léon Pacheco berichten, erscheint sie beinah fade. Allein der frühe Tod »Gomarellas« – so der verächtliche Spitzname, mit dem Vasconcelos den Rivalen in seinen Memoiren bedenkt – verleiht der Lächerlichkeit dieses komischen Szenarios aus Leidenschaft und Eifersucht einen tragischen Zug.

Die Füchsin beißt um sich

Im Jahr 1918 porträtiert ein enger Freund Gómez Carrillos den Meister als mittelgroß und schlank, mit einem schönen Haupt und einem feinen Schnurrbart nach spanischer Art. Doch die Falten um die Mundwinkel deuteten bereits darauf hin, dass er durch seine Exzesse vorzeitig gealtert war. Fotografien, die kurz nach seiner Heirat mit Consuelo aufgenommen sind, zeigen einen Mann in den besten Jahren; ja, die Art, wie er die Hand an den Hals seiner Frau legt, verrät sogar seinen Besitzerinstinkt. Zugleich vertraut er Pacheco in einem Brief an: »Ich habe ihr nichts zu bieten außer meiner syphilitischen Altersschwäche« – und ein wahrscheinlich überanstrengtes Herz, denn weniger als ein Jahr später wird er eines plötzlichen

Todes sterben. Wenn er auch den Eindruck vermittelte, seine junge Frau sei seine neueste Erwerbung – ein Kunstobjekt, das er in einem Wettstreit der Gefühle gegen einen anderen Mitbieter ersteigert hatte –, so konnte sich Consuelo doch nicht beklagen. Er bot ihr materiellen Schutz, die perfekte Zuneigung, nach der sie seit dem Tod ihres Vaters suchte, und die finanzielle Sicherheit, die für ihren extravaganten Lebensstil unabdingbar war.

Man darf Consuelo keinen Vorwurf daraus machen, dass sie bei Carrillo ihren Joker ausspielte. Mit ihren fünfundzwanzig Jahren muss ihr klar gewesen sein, dass sich ihre Chancen, Vasconcelos seiner Familie zu entreißen, mit jedem Tag verringerten. Selbst wenn er schließlich nachgegeben und zugestimmt hätte, Frau und Kinder für sie zu verlassen, hätte sich Consuelos Zukunft auf eine Rückkehr nach Mexiko beschränkt, wo ihr Geliebter vorhatte, sich in das Abenteuer der unmittelbar bevorstehenden Präsidentschaftswahlen zu stürzen. Consuelo, die das erste Verblassen ihrer strahlenden Jugend zu ahnen begann, löste in ihrer Suche nach Sicherheit ein emotionales Hin und Her aus, in dem ihre beiden Verehrer hitzig wie zwei leidenschaftlich entbrannte Jugendliche aufeinander losgingen – erwachsene Intellektuelle immerhin, die man allgemein für die Qualität ihrer soziologischen Analysen achtete.

In Carrillos Streben, Vasconcelos seine Mätresse zu entreißen, spielte sicherlich das Bedürfnis, den Mexikaner auszustechen und zu demütigen, eine ebenso wichtige Rolle wie der Wunsch, seine Geliebte zu verführen. Als ihn seine diplomatischen Pflichten für einige Wochen nach Argentinien riefen, bat

Enrique Consuelo vor seiner Abreise, sich als seine Verlobte zu betrachten und sich bei seinen zahlreichen Freunden als solche vorzustellen. Zu diesem Zweck hinterließ er ihr ein Empfehlungsschreiben, in das er hinterlistig den Satz einfließen ließ: »Sie ist Vasconcelos' Liebste.« Einige Tage später legte er auf dem Weg nach Buenos Aires einen Zwischenaufenthalt in Madrid ein, wo er ankündigte, nach der Rückkehr von seiner Reise werde er eine wunderbare junge Dame aus El Salvador heiraten.

Vasconcelos, der abgelegte Liebhaber, hatte Consuelos Entscheidung mit einiger Mühe akzeptiert und beschlossen, die Segel zu streichen. Doch dann erfuhr er von dem niederträchtigen Satz, über den man sich in lateinamerikanischen Kreisen bereits das Maul zerriss. Zornentbrannt über die Unverschämtheit des Guatemalteken, vergaß der mexikanische Ex-Minister alle guten Vorsätze und schwor: »Er hat mir meine Mätresse gestohlen. Na schön, ich werde ihm seine Verlobte wegnehmen!«

Während der darauf folgenden Woche vernachlässigte er seine Arbeit, um sich in den Cafés und Restaurants, die Carrillos Clique frequentierte, an Consuelos Fersen zu heften, bis er sich plötzlich Pacheco gegenübersah, dem getreuen Sekretär des Schriftstellers. In seinem Buch vermerkt Vasconcelos befriedigt, dass während der nächsten Tage die Berichte über das Benehmen der »Verlobten« wohl die Telegrafen zwischen Buenos Aires und Paris heiß laufen ließen. Er selbst erhielt kurz darauf ein Telegramm von Carrillo, in dem dieser ihn zum Duell herausforderte, worauf Vasconcelos einging, ohne der Sache allzu große Bedeutung beizumessen.

Doch Consuelo, die im Allgemeinen Herrin ihrer Gefühle war, begann Anzeichen von Panik und Hysterie zu zeigen. Sie flehte ihn an, auf diese Konfrontation zu verzichten, erinnerte ihn daran, dass sein Rivale ein hervorragender Schwertkämpfer war und prophezeite, jedenfalls laut Vasconcelos: »Er wird dich töten. O mein Gott, was soll ich nur tun? Ich will fort von hier.« Sie seinetwegen so fieberhaft besorgt zu sehen, verdoppelte die Liebesglut des großen mexikanischen Philosophen, der in einer Sprache, die des Tagebuchs eines Zimmermädchens würdig gewesen wäre, den Höhepunkt ihrer Leidenschaft schildert: »Niemals hatten wir uns so geliebt. Wir magerten ab, so sehr verschlangen wir einander. Während wir von Ball zu Ball und von Hotel zu Hotel zogen, flammte plötzlich das Feuer des Begehrens auf. Die Flammen der Hölle zeichneten mein Gesicht mit tiefen Linien.«

Von der anderen Seite des Atlantiks teilte Gómez Carrillo, den man wahrscheinlich über die Ereignisse auf dem Laufenden hielt, seinen Getreuen über Pacheco mit, bei einer Abendgesellschaft habe er sein Herz an eine schöne und vermögende Witwe verloren und sei bereit, sie zu heiraten und seine Angelegenheiten in Ordnung zu bringen. Er erklärte, er habe aus Biarritz ein Telegramm von Consuelo erhalten, in dem sie ihn wissen ließ, sie sei allein und »denke ständig an ihn«, eine Depesche, der er angeblich keinerlei Bedeutung beimaß und die er nicht einmal einer Antwort würdigte.

»Endlich bin ich von meinen Dämonen befreit. Ich bin von Consuelo, dieser Füchsin, geheilt.« Zumindest glaubte er das.

Zu jenem Zeitpunkt wusste Carrillo, »der Mann, der für den Journalismus lebte«, wie ihn der Nachruf der Madrider Zeitschrift *ABC* beschrieb, noch nicht, dass Consuelo Gefühle wie Duellwaffen einzusetzen vermochte. In einer ersten Runde gab er ihr einen Vorsprung, indem er ihr nach Biarritz kabelte, sie solle ihn in Madrid treffen, wo er ihre Heirat vorbereiten werde – sein hundertster Sinnesumschwung. Aber seine Verlobte langweilte sich keineswegs in dem angenehmen Badeort im Südwesten, wo sie sich in Vasconcelos' Gesellschaft am Luxus des prachtvollen Hotels *Le Palais* erfreute, das einst für Kaiserin Eugénie am Meeresstrand erbaut worden war. Triumphierend nahm der Mexikaner die Nachricht seines Rivalen zur Kenntnis und riet seiner Gefährtin, nicht darauf zu reagieren. Diese gehorchte und gestand ihm, nie einen Mann so sehr geliebt zu haben wie ihn.

Nach seiner Rückkehr in seine Wohnung in der Rue de Castellane vernahm Carrillo möglicherweise Gerüchte über diesen letzten Verrat und beschloss kategorisch, mit Consuelo zu brechen. Doch da spielte sie ihre Trumpfkarte aus und setzte eine List ein, die so alt war wie die Welt, aber mit Sicherheit ihre Wirkung nicht verfehlen würde. Aufreizend gekleidet, schritt sie langsam am Bürofenster von Carrillos Parterrewohnung vorüber, wobei sie sich matt auf den Arm eines gut aussehenden jungen Mannes stützte. Da flog plötzlich das Fenster auf. Der wütende Schriftsteller steckte den Kopf heraus und schrie: »O nein. Nein, so nicht! Nicht vor meinen Augen!« Er stürzte nach draußen, packte seine »Füchsin« am Arm und zerrte sie ins Haus, während der junge Verehrer sich lässig entfernte. Für die Szene, die diesem Eklat folgte, gibt es keine Zeugen; doch am nächsten Morgen wohnte Pacheco dem überstürzten Aufbruch seines Arbeitgebers nach Nizza bei. Er saß am Steuer seines Renault-Sportcoupés und neben ihm seine anscheinend ergebene Verlobte, eng an den Mann geschmiegt, den sie einige Tage später heiraten würde.

Merkwürdigerweise ist in den Archiven der Stadtverwaltung von Nizza für den Dezember keine standesamtliche Eheschließung registriert, und Nachforschungen in anderen Ortschaften verliefen ebenso ergebnislos. Möglich, dass die Formalitäten in Carrillos Domizil abgewickelt wurden. Seine Stellung als argentinischer Konsul und die ausländische Staatsangehörigkeit seiner Frau hätten ihm erlaubt, die Heiratsurkunde selbst auszustellen. In Gesprächen spielte Consuelo gelegentlich auf eine kirchliche Heirat an, und einer ihrer Bekannten, Damian-Carlos Bayon, hatte Gelegenheit, eine sehr theatralische Version dieser Anekdote zu hören – wunderbar geschauspielert, aber offenkundig der Fantasie der jungen Frau entsprungen. Danach soll sich, als das Paar die Kirche verließ, Raquel Meller, Carrillos verstoßene Ehefrau, vor die beiden gestellt und einen Revolver gezogen haben, den sie auf die neue Señora Carrillo richtete. Aber die Waffe ging nicht los, und die Meller sank taumelnd in die Arme ihres Mannes.

Während ihrer Flitterwochen bestand Carrillo darauf, dass sie seinem engen Freund, dem belgischen Schriftsteller Maurice Maeterlinck, auf seinem imposanten Landsitz Orlamonde in der Umgebung von Nizza einen Besuch abstatteten. Dieser war vor allem bekannt wegen seines Theaterstücks *Pelleas und Melisande,* das Debussy vertont hatte. Maeterlinck, der 1911 den Nobelpreis für Literatur erhalten hatte, war drei Jahre nach dieser Ehrung ins Zentrum einer internationalen Kontroverse geraten, und der Vatikan hatte ihn wegen seines Werks *La Mort,* das die Kirche als zu häretisch betrachtete, auf den Index gesetzt.

Trotz der gegensätzlichen Charaktere der beiden Männer hegte der Ästhet und Charismatiker Carrillo große Bewunderung für den vierundsechzigjährigen belgischen Autor, dem Gide folgende Beschreibung widmet: »Ganz unbestreitbar ein Mann des Nordens, dessen Mystik das Resultat einer vollständig exotischen Psyche ist.« Andere Schriftsteller vergleichen ihn mit Henrik Ibsen, also das genaue Gegenteil des heißblütigen lateinamerikanischen Paares. Dennoch entstand eine tiefe Sympathie zwischen Consuelo und Maurice, der in ihr eine intelligente Fee und eine Quelle literarischer Inspiration entdeckte. Die durch Enrique gestiftete Freundschaft zwischen den beiden sollte später einen entscheidenden Einfluss auf Consuelos Entschluss ausüben, Antoine de Saint-Exupéry zu heiraten.

Die Flucht nach Südfrankreich hatte die Konfrontation zwischen dem Mexikaner und dem Guatemalteken beendet, doch Carrillo begann nun die körperlichen Folgen seines zügellosen Lebens zu spüren. In einem Brief an Pacheco vertraut er diesem an: »Consuelo ist eine treue Gefährtin und das Licht meiner letzten Tage« – ein Hinweis auf sein Wissen, dass er zum Tode verurteilt war und nur noch kurze Zeit zu leben hatte.

Die Wochen, die er mit seiner jungen Ehefrau im milden Klima der Provence verbrachte, erweckten in dem alternden Schriftsteller zweifellos Erinnerungen an seine Kindheit in Guatemala. Die beiden Gatten sprachen eine gemeinsame Sprache mit denselben eigentümlichen, anschaulichen Redewendungen; sie teilten die gleichen Traditionen und die Liebe zur Poesie. Jeder kannte das Land des anderen, und sie besaßen sogar einen gemeinsamen Vorfahren. Alle Zeitzeugen sind sich einig darin, dass Consuelo, wenn es ihr angebracht erschien, eine ausgezeichnete Hausfrau war und köstliche exotische Gerichte kochen konnte, die sie für ihren neuen Gefährten gewiss liebevoll zubereitete.

Unbeantwortet bleibt die Frage, ob Carrillo versuchte, sich in sexueller Hinsicht mit Vasconcelos zu messen, der sich seiner diesbezüglichen Meisterschaft rühmte. Allein die Vorstellung, ein solcher Vergleich könnte zu seinen Ungunsten ausfallen, mag starken Druck auf ihn ausgeübt und vielleicht dabei mitgespielt haben, dass ihn elf Monate nach seiner Heirat auf dem Weg ins *Café Napolitana* ein Hirnschlag traf. Eine Woche verbrachte er im Hospital, bevor er in seine Wohnung in der Rue de Castellane zurückkehrte, wo er sich auf seinen Tod vorbereitete und ein Testament diktierte, in dem er Consuelo seinen gesamten Besitz vermachte. Die junge Frau wachte mehrere Tage an seinem Lager und empfing eine Schar von Besuchern, die kamen, um von dem Kranken Abschied zu nehmen. Die Letzten hörten ihn noch murmeln: »Was bin ich doch für ein Idiot«. Dann verschied er in den Armen seiner Frau.

Gewiss, Consuelo wusste, wie beliebt ihr Mann war. Doch das wahre Ausmaß seines Ruhms konnte sie erst nach seinem Tod ermessen. Eine ganze Prozession bekannter Persönlichkeiten zog in die Madeleine-Kirche, um sich vor dem Katafalk zu verneigen, der im Himmelblau und Weiß der argentinischen und guatemaltekischen Flaggen drapiert war. Beim Begräbnis auf dem Friedhof Père-Lachaise war auch Maeterlinck anwesend, der mit Consuelo unmittelbar hinter dem Sarg ging, sowie Repräsentanten zahlreicher Regierungen. Frankreich wurde durch Édouard Herriot vertreten, den damaligen Erziehungsminister. Nur ein Mann fehlte ganz offensichtlich, dessen Abwesenheit Carrillo beklagt hätte: sein italienischer Freund Gabriele d'Annunzio, Kumpan zahlreicher Zechgelage, der auf seinem Besitz in der Nähe des Gardasees quasi unter Hausarrest stand. »Carrillo ist tot, die Liebe ist tot!«, soll er bestürzt ausgerufen haben, als er von Enriques Tod erfuhr.

Die Nacheiferer und Bewunderer des mondänen Feuilletonisten trugen ihre Trauer auf prosaischere Weise zur Schau: Einen Monat lang hängten sie sein Porträt, umrahmt von einer Lichtergirlande, im *Napolitana* aus und vergaßen nicht, zur Aperitifstunde mit einem Pastis, seinem Lieblingsgetränk, einen Toast auf ihn auszubringen.

Der Dichter mit der Schildkröte

Von einem Tag auf den anderen fand sich Consuelo Suncín, die ehrgeizige Dorfschönheit aus Armenia, als Witwe im Besitz eines beträchtlichen Vermögens aus Grundbesitz und Autorenrechten, die Gómez Carrillo ihr hinterlassen hatte. Doch das Prunkstück dieses Erbes war unbestreitbar die Villa in Cimiez mit ihren roten Mauern und dem raffinierten Inneren, dessen gefliste Böden mit persischen Teppichen bedeckt waren. Unter den in drei Jahrzehnten angesammelten Kunstwerken hätte ein Kenner wahre Meisterwerke entdecken können, die der Autor Künstlern oder Dichtern, die sich vorübergehend in Geldschwierigkeiten befanden, abgekauft hatte. Carrillos Schreibtisch bog sich unter der Korrespondenz mit Berühmtheiten aus aller Welt. Sie sangen ein Loblied auf seine Bücher, von denen er den größten Teil in diesem Haus über dem blauen Mittelmeer geschrieben hatte. Die Pariser Wohnung war zwar von bescheidener Größe, aber ebenfalls überreich mit wertvollen Gegenständen ausgestattet. Dazu kamen die Rechte an dem literarischen Werk des Schriftstellers, eine Pension der argentinischen Regierung und schließlich die Einkünfte aus Gómez Carrillos Besitzungen in Argentinien.

Und Enrique hinterließ seiner Witwe noch etwas, das ebenso bedeutsam war wie die materiellen Güter: einen großen Namen und einflussreiche Freunde in politischen und literarischen Kreisen. Auch Künstler spanischer Muttersprache zählten dazu; solche, die schon auf dem Gipfel des Ruhms standen wie Pablo Picasso, oder Vertreter aus Consuelos Generation wie

75

Salvador Dalí und Joan Miró. Nach dem Ablauf der Trauerzeit hatte die junge Witwe, die sich immer noch für Anfang zwanzig ausgeben konnte, nicht viel anderes zu tun, als ihre zahlreichen Einladungen anzunehmen und journalistische Beiträge für die mondänen Klatschkolumnen der Madrider Presse zu verfassen.

Ein eigenartiger Zufall: Der letzte Schriftsteller, der Consuelo vor Antoine faszinierte, war ebenfalls ein heldenhafter Pionier der Luftfahrt, eine in keine Schablone einzuordnende Persönlichkeit der italienischen und europäischen Literatur. Gabriele d'Annunzio war der Dritte im Bunde, wenn Carrillo und Maeterlinck im ersten Jahrzehnt des zwanzigsten Jahrhunderts die Pariser Soiréen unsicher machten. Zu seinem Ruf als Dandy kam der eines waghalsigen Piloten und eines Schriftstellers von reichlich häretischem Stil, der Giosuè Carducci imitierte, den fanatisch antiklerikal eingestellten Nobelpreisträger von 1906 und Autor der *Barbarischen Oden*.
Auch Maeterlinck und Carrillo waren ausgewiesene Egozentriker, doch selbst sie fanden ihren Meister in dem Italiener, der es liebte, sich selbst zu bespiegeln und dessen extravagante Villa *Vittoriale* als Monument seines Ruhms und zur Überhöhung der eigenen Person errichtet war. Doch 1927, beim Tod seines guatemaltekischen Freundes, lebte d'Annunzio in seinem goldenen Käfig in einer Art von Exil. Sein zur Schau getragener, rebellischer Nationalismus hatte Mussolini beunruhigt und den Diktator bewogen, den Schriftsteller auf Abstand zu halten. Als einzigen Ausgleich durfte er unbegrenzt und gratis das italie-

nische Telefonnetz benutzen. Auch mit fünfundsechzig Jahren waren Erotik und Schönheit weiterhin seine Inspirationsquellen. In seinem *Libro segreto* schreibt er: »Die Sprache ist ein sinnliches Ding, geheimnisvoll wie das Fleisch und die Wollust.« Eine Obsession, die bereits 1895 in einem seiner ersten Romane, *Der Triumph des Todes* aufscheint, wo eine Femme fatale, »unübertrefflich in der Kunst, die Lenden der Männer zu liebkosen«, bei ihrem Geliebten eine zerstörerische Eifersucht hervorruft. Ein Bild, das geeignet war, den melodischen Körper Consuelos, die sich auf der Suche nach einem Nachfolger für den feurigen Carrillo und den intellektuellen Vasconcelos befand, in Schwingung zu versetzen.

Mit einem Brief an d'Annunzio, dem sie ihre Fotografie beilegte, lud sie sich selbst ins *Vittoriale* ein. Maeterlincks Frau Célisette – gut bekannt mit dem italienischen Dichter – übernahm die Rolle der Anstandsdame und bereitete Consuelo zweifellos auf die Begegnung mit dem erotischsten und sexbesessensten Schriftsteller seiner Generation vor. Sein autobiographischer Roman *Das Feuer*, in dem er »sein gebieterisches Bedürfnis nach fleischlichen Gelüsten« und seine leidenschaftliche Beziehung zu der Schauspielerin Eleonora Duse beschreibt, hatte einen Skandal verursacht und lockte eine nicht enden wollende Reihe junger Schönheiten in die Villa, die darauf brannten, in den Harem des unvergleichlichen Liebhabers einzutreten.

Dennoch war sein düsteres Gesicht nicht gerade schön zu nennen, es sei denn, man wollte sich von den Zeichen offensichtlicher Ausschweifungen betören lassen. Der beunruhigende Blick wurde noch durch den rasierten Schädel und die schwarze Augenklappe unterstrichen, die er trug, nachdem er bei einem Flugzeugabsturz das linke Auge verloren hatte. Zusätzlich zu einem immensen Vermögen, das er nach seiner Rückkehr aus dem Ersten Weltkrieg rasch aufgebaut hatte, hatten ihm seine patriotischen Heldentaten mehrere Orden aus verschiedenen Ländern sowie die Ehre eingebracht, den Titel eines Fürsten von Montenevoso zu tragen. Er selbst schien sich nicht allzu viel aus dieser Erhebung in den Adelsstand zu machen, doch möglicherweise war Consuelo davon beeindruckt und wurde an ihre Kinderträume erinnert, einmal Königin in einem fernen Land zu werden.

Was sie bei ihrer Ankunft in dem Dorf Gardone, oberhalb des Gardasees, entdeckte, war die Reise hundertmal wert. Im Februar 1921 war d'Annunzio, der sich damals von einer Depression erholte, in das große Gebäude aus dem achtzehnten Jahrhundert gezogen, das er in *Vittoriale*, Siegesdenkmal, umbenannte. Als der Autor den Besitz zum ersten Mal besuchte, war er fasziniert von den Gärten. Sanft fielen sie zum See hin ab, den er hinter Olivenbäumen, Zypressen und Magnolien, unter denen intensiv duftende Blumensorten blühten, wie durch einen Schleier erblickte. Den Eindruck, den der Anblick dieses Paradieses bei ihm hinterließ, beschrieb er mit den folgenden Worten: »Alles ist blau, wie eine unerwartete Trunkenheit, wie ein Haupt, das sich nach hinten neigt, um einen tiefen Kuss zu empfangen.«

Das Anwesen hatte einmal einem deutschen Paar gehört, Heinrich Thode und seiner Frau Daniela von Bülow, der Tochter von Cosima Liszt, und war nach dem Krieg konfisziert worden. Als d'Annunzio einzog, entdeckte er in einem der Räume einen Steinway-Flügel, der Liszt gehört hatte. Manchmal bat er Luisa Baccara, eine seiner großen Lieben, auf diesem Klavier zu spielen, während er sich mit den Partnerinnen, die ihm seine Sekretärin zuführte, seiner Lieblingsbeschäftigung hingab. Eine der Aufgaben dieser Mitarbeiterin bestand darin, darauf zu achten, dass niemand aus dem Harem sich in den Gebäudeflügel verirrte, der seiner legitimen Gattin vorbehalten war.

Der Umbau dieses weitläufigen Hauses entwickelte sich zur Besessenheit, ein exzentrisches Interieur zu schaffen, das d'Annunzios wollüstigen Vergnügungen entgegenkam. Diese gingen allerdings nie auf Kosten seines wichtigsten Bedürfnisses, des Schreibens. »Das Schreiben, die Kunst des Wortes, ist das vollendetste unter den Spielen des Geistes«, versicherte er denn auch. Er liebte es, sich seinen erotischen Ritualen im »Gemach der Leda« hinzugeben, wo nichts vernachlässigt worden war, um seinen Trieb zu entflammen: orientalische Düfte, Bettüberwürfe aus Pelz, Seidenteppiche und erotische Statuen.

»Von welch tierischer Lust, von welch unreinen Fantasien habe ich mich in letzter Zeit genährt«, schreibt er in seinem *Libro segreto*. Es ist nicht erstaunlich, dass solche Bekenntnisse nach seinem Tod dazu beitrugen, seinen Ruf als Lüstling derart aufzublähen, dass man ihn auf eine Stufe mit Masoch und de Sade stellte.

Noch jahrelang erfreute Consuelo ihre Freunde mit Anekdoten über ihren Aufenthalt im *Vittoriale*, die man entweder als Schöpfung ihrer unberechenbaren

Fantasie abtun oder als einfachen Bericht über das Verhalten eines literarischen Ungeheuers verstehen kann. So unternahm der Schriftsteller mit einem Torpedoboot wilde Fahrten auf dem See, gab von einem Kriegsschiff, das halb vergraben in seinem Garten lag, Kanonenschüsse ab, um die Jahrestage seiner militärischen Heldentaten zu begehen, oder streckte sich im »Gemach des Leprösen« auf einem Katafalk aus, um über seinen Tod nachzusinnen.

Consuelo blieb sich treu und lieferte gleich mehrere Versionen ihres Zusammentreffens mit diesem Vorkämpfer der Leidenschaft. In der kürzesten Fassung zeigte der Italiener sich derart tyrannisch, dass Célisette und sie nach vier in Angst verbrachten Tagen seinen Mittagsschlaf ausnutzten, um sich aus dem Staub zu machen und in den ersten Zug nach Frankreich zu springen. Es ist schwer zu erraten, ob Consuelo ins »Gemach der Leda« vorgelassen wurde, oder gar die *officina* betrat, das Arbeitszimmer des Meisters, wo eine Kopie der Nike von Samothrake den Schreibtisch des Dichters beherrschte. Zu Füßen der Statue thronte eine Gipsbüste der Duse, verhüllt mit einem Schleier, denn die Erinnerung an sie war zu stark und hätte die Konzentration des Schöpfers gestört. Die Menschen, die mit Consuelo verkehrten, erinnern sich an das Vergnügen, mit dem sie ihren Aufenthalt in Italien schilderte, der in ihren Erzählungen zwischen vier und dreißig Tagen variierte. Sie konnte sich stets sicher sein, einen klaren Erfolg davonzutragen, wenn sie die persönlichen Worte des Meisters zitierte, die im Inneren seiner Residenz über den Türen eingraviert waren. Jenes Gebäude, das sein Besitzer als eine »spirituelle Offenbarung« betrachtete, »so wie eines meiner Gedichte«.

Ihr erstes Diner in dem weitläufigen, düsteren Speisesaal, der mit einem riesigen Tisch aus schwarzem Marmor möbliert war, blieb für sie ein denkwürdiger Augenblick. Nie wurde sie es müde, die surrealistische Atmosphäre heraufzubeschwören, in der eine Schildkröte, die auf ihrem schwarzem Panzer Salz und Pfeffer trug, schwerfällig vor ihr, Célisette und den anderen Gästen hin- und herkroch, während die Frauen wie erstarrt dasaßen in Erwartung dessen, was sich hinter den schweren Brokatbehängen verbarg.

Einige Monate nach ihrer Flucht vor diesem Satyr – ob durch die Eingangstür oder durch einen Geheimtunnel, sei dahingestellt – sollte Consuelo ihren dritten Ehemann kennen lernen: Antoine de Saint-Exupéry, einen Schriftsteller, der am Beginn seiner Karriere stand, bisher nur ein einziges, ziemlich mittelmäßiges Buch verfasst hatte und dringend einer Muse bedurfte. Sie hatte den Ruhm und Reichtum Gabriele d'Annunzios erlebt und konnte daher hoffen, dass der junge französische Aristokrat, der ebenfalls ein Talent für die Fliegerei und auch für das Schreiben besaß, sie nicht enttäuschen würde.

ZWEITER TEIL

1930-1979

4. KAPITEL

Ein Kuss im Fluge

Als Antoine und Consuelo einander im September 1930 im Zentrum der *Amigos del Arte* in Buenos Aires zum ersten Mal begegneten, konnte Saint-Exupéry zufrieden auf eine erfolgreiche Lebensphase zurückblicken. Er hatte seinen Wüstenposten in Cap-Juby mit einer Auszeichnung der Ehrenlegion verlassen, die man ihm in Anerkennung seines Mutes bei der Rettung notgelandeter Piloten aus den Dünen sowie für seine Rolle bei der Befreiung gefangener Flieger aus den Händen arabischer Sahara-Stämme verliehen hatte.

Man hatte ihn nach Argentinien versetzt, um die Öffnung der Andenroute nach Patagonien zu organisieren, und dort hatte er mit Bravour den schlimmsten Flugbedingungen getrotzt: im offenen Cockpit dem Wind, der Kälte, dem Schnee oder der unerbittlichen Wüstensonne ausgesetzt. Wenn er von seinen gefährlichen Missionen zurückkehrte, war ihm die Gesellschaft, die er zu anderen Piloten suchte – ehemalige Kollegen von der Afrika-Route und alle ebenso tapfer wie er –, eine große Stütze. Unter diesen bemerkenswerten Pionieren bevorzugte er Henri Guillaumet, einen Mann mit natürlichem Charme und einem eisernen Willen. In dieser Umgebung eingefleischter Junggesellen war Henri das scheinbar Unmögliche gelungen, nämlich zu heiraten und glücklich zu werden. 1929 hatte er sich in Buenos Aires mit Noëlle vermählt, der Traumfrau eines jeden Fliegers: verständnisvoll, stoisch und bereit, alles aufzugeben, um die Leidenschaft ihres Mannes für die Fliegerei zu teilen.

In *Südkurier* und *Nachtflug* betont der Autor, eine glückliche Ehe sei mit einem gefährlichen Beruf unvereinbar, doch die Guillaumets traten den lebenden Gegenbeweis an. Während der Monate vor seiner Begegnung mit Consuelo verbrachte Saint-Exupéry einen großen Teil seiner Freizeit mit dem Paar und war voller Bewunderung für ihre enge Beziehung und ihre pragmatische Lebenseinstellung.

In seiner Korrespondenz, besonders in den Briefen an seine Mutter, beschreibt Saint-Exupéry Buenos Aires als triste, uninteressante Stadt und gesteht seine nur schwer zu ertragende Einsamkeit, denn die Stunden, die er in Gesellschaft wenig zimperlicher Begleiterinnen in Bars verbringt, sind nur ein magerer Trost. Das Glück der Guillaumets macht ihm die Leere seines eigenen Lebens bewusst, und er wünscht sich von ganzem Herzen, ihm möge mit einer Gefährtin Ähnliches beschieden sein. Zu seinem Glück oder Unglück taucht Consuelo im rechten Moment auf und bringt all das mit, was im Leben des Piloten am meisten fehlt: Lachen, Fantasie und den Glauben an sein schriftstellerisches Talent. Durch seine emotionale Labilität und die deprimierende Umgebung ist er leicht zu beeindrucken und verliebt sich auf den ersten Blick in die schwarzen Augen der jungen Frau.

Antoines Bericht über seine Begegnung mit Consuelo, die er seinen »kleinen Vogel von den Inseln« nannte, fiel stets sehr knapp aus. Wenn man ihm glaubt, sah er Consuelo zum ersten Mal bei einem Empfang, wo sie sich als Neunzehnjährige vorstellte. Dann habe sie sich heimlich in das Cockpit seines Flugzeugs geschlichen und sich hinter dem Sitz des Kopiloten versteckt. Erst hoch am Himmel sei sie hervorgekommen und habe vehement behauptet, er hätte sie mit diesem Flug kompromittiert und müsse sie heiraten.

Zum Glück hat Consuelo sich bei Interviews in der Presse und im Fernsehen ausführlicher über diese Episode ausgelassen; und ihre Äußerungen ergeben, selbst wenn man ein paar fantasievolle Ausschmückungen zugesteht, eine logische Abfolge der Ereignisse. Demnach nahm sie im September 1930 eine Einladung des argentinischen Präsidenten Hipólito Irigoyen an, desselben Politikers, der Gómez Carrillo während einer früheren Amtszeit zum Konsul in Paris ernannt hatte. Mit ihm sollte sie unter anderem Gespräche über eine Diplomatenpension führen, auf die sie ein Anrecht hatte, sowie über den Verkauf von Immobilien aus dem argentinischen Besitz ihres verstorbenen Mannes.

Consuelo reiste per Schiff an, zusammen mit einer Gruppe französischer Vortragsredner unter Führung von Benjamin Crémieux, eines Autors des Verlagshauses Gallimard. Er war vor allem für seine Pirandello-Übersetzungen bekannt und gewiss fasziniert von den Anekdoten, die Consuelo über d'Annunzio und seinen extravaganten Palast zu erzählen wusste. Als das Gespräch auf Saint-Exupéry kam, erging Crémieux sich in begeisterten Lobeshymnen über den Autor und schlug vor, Consuelo dessen letzten Brief vorzulesen.

»In seinem Esprit und seiner Fantasie ging der Brief weit über das Übliche hinaus: Er steckte voller Überraschungen und sprach von einer hohen Bildung. Ich gestand sofort, dass ich darauf brannte, dass man mir diesen erstaunlichen Piloten vorstellte, der so gut schrieb«, erklärt Consuelo 1974 der Fliegerzeitschrift *Icare*.

Zusammen mit den Franzosen stieg sie im Hotel *Majestic* ab. Dort logierten auch die unverheirateten Piloten der *Aeroposta*, einer Tochterfirma der französischen Luftpostgesellschaft – ein Umstand, durch den Saint-Exupéry und sie einander später rasch näher kamen. Entschlossen, Antoine kennen zu lernen, der eben von einem Flug nach Feuerland zurückgekehrt war, begab sich Consuelo zu einem Empfang im Zentrum der *Amigos del Arte* bei der *Alliance française*. Als er dann vor ihr stand, noch kaum erholt von einem zwölfstündigen Flug unter schwierigen Bedingungen, konnte sie nur schwer ihr Erschrecken über seine Größe verbergen – er maß zweiundzwanzig Zentimeter mehr als sie, und seine massige Gestalt strahlte eine gewaltige Kraft aus. Doch sie fühlte sich unwiderstehlich angezogen von seinen intelligenten, schalkhaft blitzenden Augen, und war schon verloren, ehe sie auch nur seine Stimme gehört hatte.

Wie Consuelo berichtet, hätte Saint-Exupéry trotzdem in den ersten Minuten ihrer Begegnung fast alles verdorben. Mit lauter Stimme ließ er sich darüber aus, dass sie ja ganz schmächtig und winzig sei, ohne zu ahnen, dass sie perfekt Französisch sprach und ihn verstand. Gekränkt über seine Bemerkung, drehte sich Consuelo auf dem Absatz um und verlangte nach ihrem Mantel. Sie wollte gehen, doch sie kannte Antoines entwaffnenden Charme noch nicht. Er überschlug sich fast, um sich zu entschuldigen, flehte sie an zu bleiben, beschrieb sich als einen großen Bären, der sich im Grunde nur wünschte, gezähmt zu werden. Und er setzte hinzu, dass sie ihn nicht verlassen dürfe, weil er seit einer Woche mit keinem Menschen mehr gesprochen habe.

Was nun folgt, ist Romantik pur – der Stoff, aus dem Märchen sind. Um sich mit ihr zu versöhnen, lädt Antoine Consuelo zu einem Rundflug – für die junge Frau der erste Flug ihres Lebens – über das brennende Regierungsviertel ein, denn soeben ist Präsident Irigoyen durch eine Revolution gestürzt worden. Als sie entgegnet, sie könne ihre Freunde nicht im Stich lassen, erklärt der Pilot lässig, in seiner *Laté 28* sei Platz für alle; und bald darauf sitzt die ganze Gesellschaft im Flugzeug, Consuelo auf dem Platz des Kopiloten.

Consuelo bewundert die Lichter der Hauptstadt, als sie Saint-Exupérys energische Stimme vernimmt. »Küssen Sie mich«, befiehlt er ihr. Sie protestiert: »In meinem Land küsst man nur Menschen, die man liebt.« Die Antwort betrübt ihn. Er wirft ihr vor, sie weigere sich nur, weil sie ihn hässlich finde, und droht, das Flugzeug in den Río de la Plata stürzen zu lassen, wo sie alle ertrinken würden, sollte sie auf ihrem Nein bestehen.

Consuelos Reaktion ist in ihren eigenen Worten überliefert: »Ob er das getan hätte? Ehe ich antwortete, schaute ich ihn an. Ich sah zwei Tränen in seinen leuchtenden Augen stehen. Ein wenig erschrocken und gerührt, drückte ich schnell einen schüchternen Kuss auf die Wange meines Piloten. ›Sie sind nicht hässlich‹, sagte ich leise.«

In einer der Saint-Exupéry gewidmeten Ausgaben von *Icare* beschreibt Consuelo die Folgen dieser luftigen Eskapade: »Von diesem Tag an war Antoine mir gegenüber der anbetungswürdigste aller Kavaliere, aber auch der tyrannischste. Ich glaube, er betrachtete mich buchstäblich als sein Eigentum. Sobald er auf der Bildfläche erschien, musste ich alles stehen und liegen lassen und ihm folgen, ob im Flugzeug oder im Wagen, ob ins Restaurant oder ins Theater. Er brachte es fertig, einen leeren Raum um mich zu schaffen. Für ihn, so erklärte er mir, sei nur meine Anwesenheit wichtig, und für mich solle nur die seine zählen.«

Eines Abends bat er sie, seine Frau zu werden. In ihrem Gespräch mit *Icare* gesteht Consuelo, sein Antrag habe ihr einen kleinen Schrecken eingejagt, denn inzwischen hatten ihr Freunde allerhand Berichte über seinen exzentrischen Lebensstil zugetragen. Außerdem zerriss man sich in den bürgerlichen Kreisen von Buenos Aires bereits das Maul darüber, dass Saint-Exupéry eine junge Witwe verführt habe, und zeigte sich schockiert über das Verhalten des Paares. Auch von seinen Kollegen erfuhr Antoine nur wenig Unterstützung bei seinen Heiratsplänen. Didier Daurat, der Chef der *Aéropostale*, dessen unbeugsame Disziplin den Stoff für *Nachtflug* liefern sollte, hielt nichts davon, dass seine Piloten Familien gründeten. Und er fürchtete Consuelos destabilisierenden Einfluss auf Antoine. Für ihn war die junge Frau »impulsiv, ungestüm und zerstreut; ein frivoles Plappermäulchen mit einem ungrammatischen Französisch, kaum zu verstehen mit ihrem rollenden R.«

»Trotzdem fuhren wir fort, uns zu treffen«, erzählt Consuelo weiter. »Wir sahen uns jedes Mal, wenn er von einem Flug zurückkehrte, und ich war entzückt über die Geschenke, die er mir mitbrachte. Stets ließ er sich etwas Überraschendes einfallen: einmal ein Pinseläffchen, dann wieder einen winzigen Vogel, der das Pfeifen einer Lokomotive nachahmen konnte. Und jeden Tag fragte er mich dasselbe: ›Wollen Sie meine Frau werden? Worauf warten wir? Sie sind meine Verlobte, seit Sie mich damals geküsst haben.‹«

Angesichts ihres Zögerns, sicherlich auch bedingt durch Consuelos frühere Erfahrungen mit Männern, trägt Saint-Exupéry ihr eines Abends ein unwiderstehliches Argument vor. Er überreicht ihr ein persönlich gewidmetes Exemplar von *Südkurier* und steckt ihr gleichzeitig ein Päckchen mit einem achtzig Seiten umfassenden Brief zu. Die Seiten sind an »Madame, meine Liebste« adressiert und schließen mit den Worten: »Ihr Verlobter, wenn Sie mich wollen.« Tatsächlich stellt dieser Brief den ersten Entwurf zu *Nachtflug* dar. Consuelo wird plötzlich klar, dass das Schicksal ihr eine einzigartige Gelegenheit bietet: Sie kann die Karriere eines unerfahrenen Schriftstellers mitgestalten, eines Mannes, der einen unbekümmerten Charme mit den intellektuellen Gaben verbindet, die sie an Vasconcelos und Gómez Carrillo angezogen haben. Dennoch bedurfte Antoines Antrag reiflicher Überlegung, und Consuelo versprach, ihm ihre Antwort in Frankreich zu geben, wo sie sich einige Monate später treffen wollten. So schob sie das Unvermeidliche noch einmal hinaus, ohne ihm jedoch wirklich Einhalt gebieten zu können.

Viel später fasste sie die Überwindung, die das Ja zu Antoine sie kostete, in einem lapidaren Satz zusammen: »Die Frau eines Piloten muss Opfer bringen. Doch die Frau eines Schriftstellers erleidet ein Martyrium.«

Die schönsten Tage

Bis heute hat die Literaturkritik vor allem die Gegensätze zwischen Consuelo und Antoine hervorgehoben und darüber fast ihre persönlichen Stärken vergessen, die sich ergänzten und beiden Partnern bei der Verwirklichung ihrer Bestrebungen entgegenkamen. Consuelo besaß eigenes Vermögen und war finanziell abgesichert. In ihrer Beziehung zu berühmten Schriftstellern hatte sie eine Menge intellektuelles Rüstzeug erworben, das sie jetzt Antoine zur Verfügung stellte. Der Hauch von Exotik und Freiheit, der sie umgab, schlug Saint-Exupéry, der stets ein sehr unangepasstes Leben führte, in ihren Bann. Auch für Consuelo besaß eine Verbindung mit Antoine offensichtliche Vorteile: zum einen die Verheißung, von neuem Zugang zur literarischen Welt zu finden, die sie so sehr liebte, vor allem durch die Vermittlung der Freunde Saint-Exupérys, anerkannte Schriftsteller aus dem Gallimard Verlag wie Gide, Drieu la Rochelle oder Henri Bordeaux. Und sie kam der Verwirklichung ihres Kindertraums näher: als Graf Saint-Exupéry konnte Antoine ihr auch zu sozialem Aufstieg verhelfen und war ihre Eintrittskarte in die französische Aristokratie.

Nur sieben Monate hatten die beiden Zeit, einander kennen zu lernen, und diese kurze Phase wurde auch noch durch eine längere Trennung unterbrochen, während der beide über die Konsequenzen einer Bindung nachdachten. Zurück in Europa stürzte Consuelo sich von neuem in das brodelnde Pariser Leben. Sie hegte wohl Zweifel daran, ob es klug sei, eine dritte Ehe einzugehen und erzählte einer russischen Freundin, der Schauspielerin Xénia Kouprine, sie habe ihre Verlobung gelöst. Später behauptete sie sogar, ihr Verlobter sei tot. Unterdessen knüpfte sie wieder freundschaftliche Bande zu Vasconcelos, der nach seiner Niederlage bei den Präsidentschaftswahlen nach Paris zurückgekehrt war und kurz davor stand, seine demokratischen Prinzipien aufzugeben und sich faschistischen Ideen zuzuwenden. Zwar nahmen die beiden ihre Liebesbeziehung nicht wieder auf – zu tief war die Wunde, die Consuelo seinem Stolz zugefügt hatte, als sie ihn verließ –, doch der Mexikaner zeigte zumindest so viel Interesse an ihrer Zukunft, dass er ihr riet, sich nicht übereilt in die Arme eines neuen Ehemannes zu stürzen. Vasconcelos' Empfehlung war zweifellos durch seine Eifersucht motiviert, und so versuchte Consuelo erst gar nicht, sich daran zu halten. Zu angenehm war die Erinnerung, wie rührend Antoine in Buenos Aires um sie bemüht gewesen war; und als er sie einlud, zu ihm in die spanische Hafenstadt Almería zu kommen, wo er im Januar 1931 aus Argentinien eintreffen würde, da zögerte sie keine Sekunde, Paris sofort zu verlassen.

Trotz seines scheinbaren Ungestüms wog auch Saint-Exupéry die Folgen einer Heirat genau ab. Seine Mutter Marie traf in jenem Moment in Südamerika ein, als Consuelo Argentinien verließ, so dass sie nur knapp die Gelegenheit verpasste, die Verlobte ihres Sohnes persönlich kennen zu lernen. Während der folgenden Wochen und später, als sie mit dem Dampfer nach Europa zurückkehrten, führten Mutter und Sohn lange Diskussionen über Antoines Zukunft, und er lauschte aufmerksam den Argumenten des Menschen, dem seine größte Bewunderung galt. Marie ließ sich buchstäblich erobern von Antoines Begeisterung und dem Bild, das er von Consuelo entwarf: ihrer Vitalität, ihrer tiefen Frömmigkeit und ihrem literaturkritischen Talent, das sie im Zusammenleben mit dem genialen Gómez Carrillo entwickelt hatte. Der Entschlossenheit ihres »Tonio« hatte Marie nichts entgegenzusetzen, und schließlich gab sie ihren Segen zu dieser Ehe, ganz so wie sie ihrem Sohn vor zehn Jahren die Flugstunden gestattet hatte, obwohl sie der bloße Gedanke daran mit Entsetzen erfüllte.

In Buenos Aires waren die zukünftigen Eheleute einander zwar zugetan gewesen, doch sie hatten nicht genügend Zeit miteinander verbracht, um die Probleme wahrzunehmen, die aus ihrer ganz unterschiedlichen sozialen Herkunft und Lebenserfahrung resultieren würden. Consuelo gesteht, »verliebt« habe sie sich erst nach ihrem Wiedersehen und einer gemeinsam verbrachten Nacht, bevor sie mit Antoine nach Paris zurückkehrte. In der Wohnung in der Rue de Castellane stellte sie ihn feierlich der Totenmaske Gómez Carrillos vor, die sie selbst angefertigt hatte;

ein mit seltsamen Kräften begabter Gegenstand, der, wie seine Schöpferin behauptete, in der Gegenwart eines nicht genehmen Freiers Geräusche erzeugte. Man darf vermuten, dass die Maske keinerlei Einwände erhob, denn einige Tage später brach das Paar in Gómez Carrillos kleinem Automobil in Richtung Nizza auf.

Nach dem »kleinen Museum« in der Rue de Castellane fiel Saint-Exupéry von einer Überraschung in die nächste, als er das luxuriöse Anwesen *El Mirador* kennen lernte; ein Palast im Vergleich zu seinem nüchternen, kahlen Schloss Saint-Maurice-de-Rémens.

Er bittet Consuelo in aller Bescheidenheit, in die Villa einziehen zu dürfen, um *Nachtflug* abzuschließen. Ja, er will sogar in einer Dienstbotenkammer logieren, um den Ruf seiner Verlobten nicht zu schädigen, worauf sie seinem Heiratsantrag zustimmt, allerdings nur unter der Bedingung, dass Maeterlinck ihren »Tonio« akzeptiert. Und tatsächlich, der menschenfeindliche Autor, von dem es heißt, er schlafe in Reichweite einer Maschinenpistole, erliegt Saint-Exupérys Charme. Er führt ihn in seinen Weinkeller, um eine gute Flasche zu öffnen, und lässt sich von dem Jüngeren alle Einzelheiten seines neuen Romans erzählen. Consuelo berichtet, wie sie nach »mehreren Flaschen« wieder nach oben kamen und sich der Alte begeistert für ihre Pläne einsetzte. »Du bist verrückt, wenn du diesen Burschen nicht heiratest«, erklärte er ihr in väterlichem Tonfall. »Er ist ein Mann, und er wird einmal der größte Schriftsteller Frankreichs sein.«

Diese Verbindung verhieß Consuelo nicht nur Liebe, sondern auch die atemberaubende Aussicht, ihre kühnsten Träume zu verwirklichen. Nun hatte sie aus dem Munde eines Großen der Literatur die Bestätigung erhalten, dass ihr »Tonio« das Zeug zum Genie hatte, dass in ihm die Kraft steckte, sich selbst sein El Mirador, Orlamonde oder Vittoriale zu bauen, oder sogar – warum auch nicht? – wie Vasconcelos in die Politik zu gehen und ein Regierungsamt zu bekleiden.

So berauscht waren Consuelo und Célisette von Maeterlincks Zustimmung, dass sie den Alten aus seiner selbstgewählten Isolation lockten. Sie überredeten ihn zu einem Ausflug nach Peira-Cava, nördlich von Nizza, wo die jungen Frauen sich über den Anblick der beiden Männer amüsierten, die in angeregtem Gespräch durch den Schnee stapften. In diesem Moment – so vertraut es Consuelo später ihrem Landsmann Francisco Mena Guerrero an – begriff sie, dass ihr Schicksal unlösbar verbunden war mit dem dieses »verrückten Fliegers, der gerade seine Anstellung bei der *Aeroposta* verloren hatte und nichts sein Eigen nannte außer meiner Liebe, einem veröffentlichten Buch und einem weiteren, das kurz vor der Vollendung stand.«

Trotz der Missbilligung von Antoines katholischer Familie richten sich die Liebenden in der Villa in Cimiez ein und erleben Tage, die Consuelo später als »die schönste und verrückteste Zeit unseres Lebens« beschreibt. In der wohltuenden Gegenwart der geliebten Frau arbeitet Saint-Exupéry täglich mit fieberhaftem Eifer an seinem Buch. Consuelo ist jederzeit ansprechbar für ihn, wenn er etwas essen oder ihr Passagen aus seinem Manuskript vorlesen

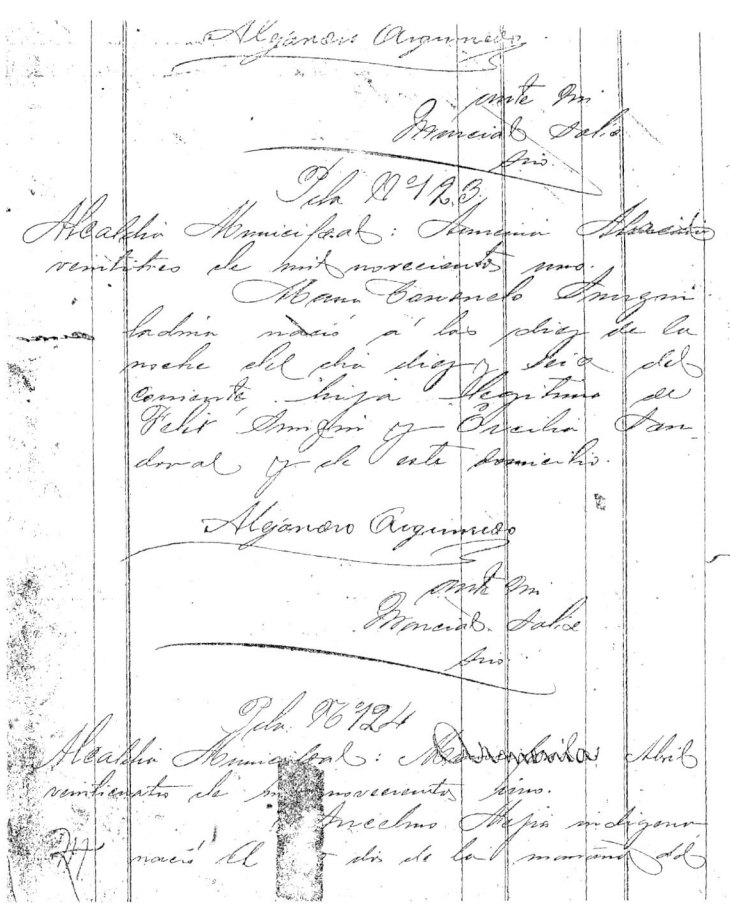

*Geburtsurkunde von Maria Consuelo Suncín mit dem Datum
10. April 1901*

Der seit 1958 erloschene Vulkan Izalco, der Hausberg von Armenia. Möglicherweise hat die Erinnerung an diese Landschaft, in der Consuelo ihre Kindheit verbrachte, Saint-Exupéry zu den Zeichnungen im Kleinen Prinzen *angeregt.*

Das Haus der Familie Suncín in Armenia

Eine Ziegelei auf dem Besitz der Suncíns in Armenia

*Consuelos Mutter, umgeben von ihren beiden anderen Töchtern
Dolores und Amanda*

Consuelos Vater, Oberst Félix Suncín

Consuelos Mutter, Ercilia Sandoval

Consuelo (stehend) mit einer Freundin

Consuelo mit ihrem Onkel während eines Ausritts

Familienfoto: Consuelos Mutter (links) und Consuelo (rechts)

José Vasconcelos während des Präsidentschaftswahlkampfes 1929 in Mexiko

Denis de Rougemont Ende der 30er Jahre

*Consuelo und Enrique Gómez Carrillo 1926 in Nizza, kurz nach ihrer Heirat. Das Bild
ist Salvador Dalí gewidmet.*

Consuelo 1931, dem Jahr ihrer Heirat mit Antoine de Saint-Exupéry

Consuelo und Antoine 1935

Consuelo und Antoine
Anfang der 30er Jahre

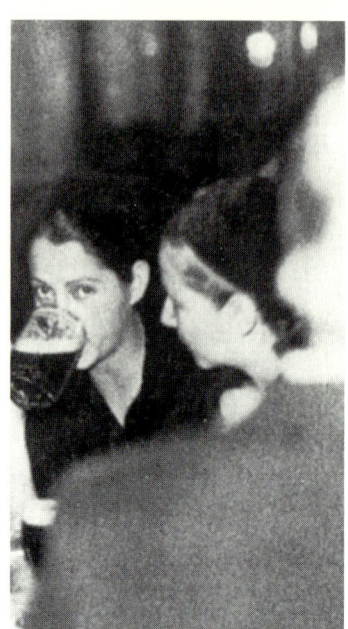

Consuelo und Madeleine Goisot im Lipp, wo sie nach Saint-Exupérys Absturz in der Wüste seine Ankunft in Kairo feiern.

Porträt Consuelos von Desmond aus den 30er Jahren

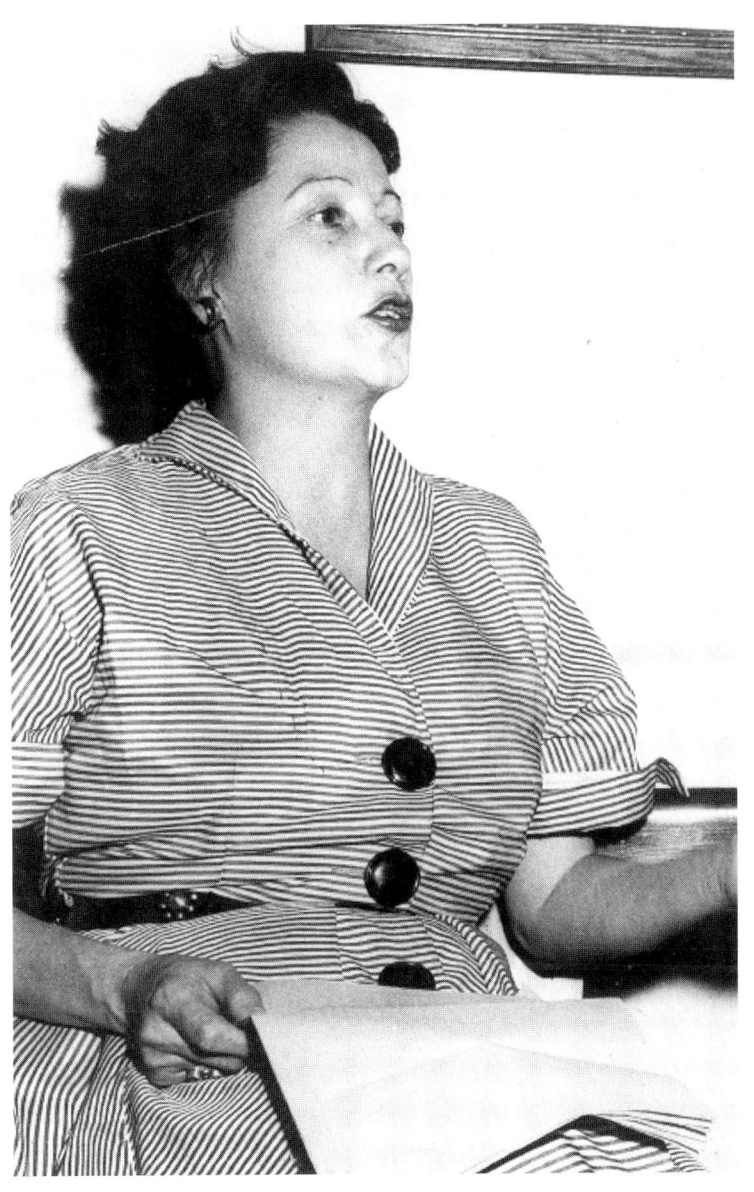

Consuelo bei einem Vortrag im Jahr 1952

Consuelo in Divonne-les-Bains, August 1959

*Anlässlich einer Ausstellung ihrer Werke trägt sich Consuelo
in das goldene Buch ein.*

Consuelo und ihr Freund Francisco Mena Guerrero, 1977

möchte, eine Gewohnheit, die er sich in frühester Jugend zugelegt hat. Wenn er das dringende Bedürfnis verspürte, Zuspruch für eine in Schönschrift verfasste Seite zu erhalten, dann rief er – manchmal mitten in der Nacht – unverzüglich seine Schwestern und seine Mutter zur »Romanplackerei«, das heißt, sie hatten ihm zuzuhören und ihre Meinung abzugeben.

Über Consuelos Einfluss auf das Buch lässt sich nur spekulieren; doch angesichts der Entstehungsgeschichte des Werkes kann man durchaus vermuten, dass sie sowohl auf den Stil als auch auf den Inhalt eingewirkt hat. Von allen Büchern Saint-Exupérys besitzt *Nachtflug* die klarste Struktur, obwohl der Autor es für seine Verhältnisse in Rekordzeit verfasste. Denn da er mit seiner Prosa grundsätzlich unzufrieden war und seine Sätze immer wieder überarbeitete, schrieb Saint-Exupéry sehr langsam. Zieht man noch die Zeit ab, die er auf seine Besuche im Schloss von Agay verwandte – dem in der Nähe von Saint-Raphaël gelegenen Wohnort seiner Schwester Gabrielle – sowie auf den Austausch von Höflichkeitsvisiten mit den Maeterlincks, dann hat er seinen Roman in weniger als acht Wochen abgeschlossen und dabei die vierhundert Seiten des ursprünglichen Manuskripts auf ein Drittel gekürzt, wodurch der Stil an Dichte gewann.

Consuelo forderte niemals irgendeine Anerkennung für ihre moralische und materielle Unterstützung oder ihre hellsichtige Kritik. Ihr wichtigster Beitrag bestand möglicherweise darin, dass der Schriftsteller in dem Wunsch, die geliebte Frau zu beeindrucken, Gewissheit über seine Begabung erlangte. Jahre später sollten ihn die Zweifel an seinem Stil derart hemmen, dass er bei der kleinsten Kritik zusammenbrach und aus Furcht vor einem negativen Urteil seine Arbeit kurz vor der Veröffentlichung zerriss.

Vielleicht regte ihn auch der Geist des Vielschreibers Gómez Carrillo, der in der Bibliothek des Verblichenen noch immer spürbar war, dazu an, sich selbst zu übertreffen. Und dies alles, obwohl seine Mutter, die sich in Agay aufhielt, ständig hereinschaute, aus Angst um das Seelenheil ihres »in Sünde lebenden« Sohnes. Doch dieser versicherte sie seiner ehrenhaften Absichten gegenüber Consuelo und ließ ihr freie Hand bei der Festsetzung des Datums für die kirchliche Trauung. Schließlich sollte die Hochzeit am 12. April 1932 hoch über dem Meer in der Privatkapelle von Schloss Agay stattfinden.

Aus einem merkwürdigen Grund, für den Consuelo niemals eine einleuchtende Erklärung geliefert hat, trug die Braut bei ihrer ersten und einzigen kirchlichen Hochzeit Schwarz. Ihre Großnichte Mireille Dimas, die heute das Haus der Familie in Armenia bewohnt, vermutet, dass Consuelo sich für Trauerkleidung entschied, um Antoines Umgebung von ihrem Witwenstand zu überzeugen. Denn selbst ihre Familie in El Salvador hat niemals ein Dokument zu Gesicht bekommen, dass die Legitimität ihrer Ehe mit Gómez Carrillo bezeugt hätte. Ihr dunkles Kleid verleiht den förmlichen Hochzeitsfotos, die im Park des Besitzes aufgenommen wurden, einen zusätzlichen Hauch von Tristesse, der durch Consuelos Probleme, in eine Kamera zu lächeln, noch verstärkt wird. Möglich auch, dass das Paar in diesem Moment begann, die zukünftigen Schwierigkeiten zu erahnen. Consuelo wusste, dass sie in ihrem neuen Umfeld bestenfalls toleriert, aber nicht wirklich akzeptiert wurde. Die traditionsbewusste Familie hatte sich für Antoine ein junges Mädchen erhofft, das seine Wertvorstellungen teilte, die gleiche Bildung besaß und einen guten Namen sowie ein Vermögen in die Ehe einbrachte.

Noch kannte die junge Ehefrau das Schloss von Saint-Maurice-de-Rémens nicht, doch sah sie ihre Träume von Reichtum und Antoines zukünftigen Erfolgen wohl bereits zerrinnen. Während seiner gefährlichen Tätigkeit bei der Luftpostgesellschaft und der argentinischen *Aeroposta* hatte Saint-Exupéry einen großen Teil seines Gehalts an seine Mutter geschickt, was dennoch nur knapp ausreichte, einen Besitz zu unterhalten, der im Grunde die Verhältnisse der Familie überstieg. Sein Manuskript war nun sein einziger Besitz. Die junge Frau musste einsehen, dass Antoine ihr nicht den Lebensstil bieten konnte, den sie von Gómez Carrillo gewöhnt war, doch zeigte sie keinerlei Neigung, ihre Ausgaben einzuschränken. Im Gegenteil, jetzt kamen noch die von Saint-Exupéry hinzu. Die Extravaganzen der beiden ließen Gómez Carrillos Erbe dahinschmelzen wie Schnee in der Sonne.

Antoine selbst wurde immer klarer, wie wenig er eigentlich über seine Frau wusste, vor allem da seine Umgebung wilde Gerüchte über ihren ausschweifenden Lebenswandel kolportierte. Es fehlte nicht an so genannten guten Freunden, die sich »zu seinem eigenen Besten« sofort darauf stürzten, in Wirklichkeit jedoch seine Ehe zerstören wollten. Obwohl Saint-Exupéry etwas von Consuelos Vergangenheit ahnte, hegte er nicht den Wunsch, sich von der romanti-

schen Faszination zu befreien, die ihn zu dieser drei-
ßigjährigen Kindfrau hinzog, diesem ätherischen, magischen Wesen.

Consuelos Feinde behaupten, sie habe sich unlaute-
rer Mittel bedient, um einen Adligen in ihrem Netz zu
fangen, und nur seine Naivität habe Antoine daran ge-
hindert zu begreifen, dass er einer diabolischen Macht
gegenüberstand. Doch letzten Endes war Consuelo
Antoines Schöpfung, das Resultat seiner Sehnsucht
nach dem Wunderbaren, die ihn während ihres gesamten gemeinsamen Lebens bewog, diesem winzigen,
exotischen und kapriziösen Persönchen eine geheimnisvolle und magische Aura zu verleihen.

Vollkommenes Glück

In dem Monat, der auf seine Heirat folgte, wurde
»Tonio« nach dem Konkurs der *Aeroposta Argentina*
vorübergehend wieder von der *Aéropostale* angestellt
und bereitete sich darauf vor, von neuem den Dienst
auf der Wüstenlinie anzutreten. Seine Frau stürzte
diese Entwicklung in tiefe Verzweiflung, denn zusätzlich zu der Angst, ihn ständig in Gefahr zu sehen,
musste sie erleben, dass er mit seiner literarischen
Laufbahn brach. Damit sie ihm die Qualen, die er ihr
bereitete, verzieh, schrieb Antoine, sobald er in Toulouse eingetroffen war, in den romantischsten Worten, dass er nicht ohne sie sein könne: »Ich kann nicht
ohne Sie leben. Ich werde Sie zu mir holen. Goldfeder, Sie sind die anbetungswürdigste Frau der Welt –
eine Fee ... Man müsste ein Quetzal sein, um Sie richtig zu verstehen, um entzückt über diese kleine, wilde

Seele zu staunen ... Kommen Sie in mein Haus, Goldfeder, und erfüllen Sie es mit Ihrer wunderbaren Unordnung. Schreiben Sie auf alle Tische, sie gehören
Ihnen. Und bringen Sie mein Herz ordentlich
durcheinander ... Einmal hast Du mir auch gesagt, Du
wärest ›vollkommen glücklich‹. Goldfeder, Sie werden es noch mehr sein, wenn wir erst in Casablanca
leben. [Er hoffte, dort werde sie von ihrem Asthma
genesen.] Goldfeder, ich gelobe, Sie glücklich zu machen ...«

In einem früheren Brief nennt er sie »Pimpinelle,
meine Freundin«, und vergleicht Consuelo zum ersten Mal mit einer rosenähnlichen Blüte. Er bittet sie,
der kleine Holzofen seiner Kindheit zu werden – an
den er in *Flug nach Arras* nostalgisch erinnert – und in
seinem Zimmer vor sich hin zu summen, wenn er in
der Winterkälte zittert. Viel später, gegen Ende seines
Lebens, beginnen die Nachrichten, die er von einer
Militärbasis in Nordafrika schickt, oft mit »kleines
Mädchen« oder »liebes kleines Mädchen« und sind
unterzeichnet mit »Ihr Gatte für das ganze Leben«.
Es stimmt natürlich, dass Saint-Exupéry mit vielen
anderen Frauen eine intime, zärtliche Korrespondenz
unterhielt. Aber dort fehlt der einfache Ton, den er
seiner Frau entgegenbrachte, um seiner Verehrung
Ausdruck zu verleihen, oder seiner Verzweiflung,
wenn er ihre Gleichgültigkeit spürte.

Weniger als einen Monat nach ihren herrlichen
Flitterwochen fühlte Consuelo sich zutiefst desillusioniert. Da der Autor sich in *Südkurier* und *Nachtflug* aus-
führlich über die Qualen der Pilotenfrauen auslässt,
die ängstlich auf die Rückkehr ihrer Männer warten,
hätte sie sich von Saint-Exupéry mit Recht ein wenig

mehr Rücksicht auf ihre eigenen Sorgen erhoffen können, die durch ihre ständige Furcht vor ihren Asthmaanfällen noch verstärkt wurden. Sie hätte sicher gern
den Rest ihres Erbes geopfert, damit er sich ganz dem
Schreiben hätte widmen können, und um die Augen-
blicke der vertrauten Zweisamkeit in Cimiez zurück-
zuholen, wo sie das Gefühl hatte, gebraucht zu werden. Im Gegensatz dazu führte sie in Casablanca eine
sterile Existenz, die ihr nur die Wahl zwischen einem
künstlichen Gesellschaftsleben und der Bekanntschaft mit den anderen Pilotenfrauen ließ. Ihr größter
Trost kam aus den Lüften – leidenschaftliche Briefe,
die auf dem üblichen Postweg befördert wurden, wenn
Saint-Exupéry auf den Wüstenpisten seinen Kollegen
begegnete. Diese mussten dann häufig ihren Start ver-
schieben, um Antoines letzte Liebesbotschaft mitzunehmen.

Trotzdem versuchten die beiden ein Stück jener
Bohémien-Existenz nach Casablanca hinüberzuretten,
die ihrem Temperament am besten entsprach. Antoine
fehlte darüber hinaus jegliches Interesse am Geld.
Viele Besucher erinnern sich noch heute belustigt an
einen Nachttopf, der seinen Lohn enthielt und offen
auf dem Kaminsims stand. Jedermann, Hauspersonal
und Gäste eingeschlossen, konnte sich dort bedienen,
ohne Rechenschaft abzulegen. Aber durch die Zah-
lungen für den Unterhalt von Schloss Saint-Maurice-
de-Rémens, das sich als Fass ohne Boden erwies, war
der Inhalt des Topfes immer schon zu Beginn des
Monats erschöpft und wurde für gewöhnlich aus
Consuelos Mitteln aufgefüllt.

Die junge Frau fragte sich ernsthaft, wie lange sie
die Ödnis Casablancas und den Snobismus der fran-

zösischen Exilgemeinde wohl noch ertragen könne, als im Dezember 1931 bekannt wurde, dass *Nachtflug* den *Prix Femina* erhalten würde, einen renommierten französischen Literaturpreis und eine erste Bestätigung von Maeterlincks Urteil. Von neuem schöpfte Consuelo Hoffnung, ihr Mann werde die Fliegerei aufgeben. Ihre Zukunft schien sich plötzlich aufzuhellen. War nicht die Zeit, die Saint-Exupéry in Frankreich verbrachte, um seinen Preis entgegenzunehmen, ein Zeichen dafür, dass er eine intellektuellere Laufbahn in Betracht zog? Doch Antoines literarischer Aufstieg wurde brutal unterbrochen durch die Reaktion seiner Kollegen von der *Aéropostale*, die sich in den Personen des Romans wiedererkannten und das Gefühl hatten, von einem der Ihren verraten worden zu sein. Betrübt über ihre Kritik, die er für ungerechtfertigt hielt – schließlich wollte er nur ihren Heldenmut verherrlichen –, beschloss Saint-Exupéry, nie wieder einen Roman zu schreiben. Leider beraubte ihn diese Entscheidung der unabdingbaren Grundlage seines Werkes, und abgesehen von einem Drehbuch und zahlreichen Presseartikeln, aus denen später *Wind, Sand und Sterne* entstand, währte diese lange, unproduktive Phase von 1931 bis 1939.

Saint-Exupérys finanzielle Lage verschlechterte sich noch durch einen Finanzskandal, der zur überstürzten Fusion der *Aéropostale* mit anderen Linien und zur Gründung der *Air France* führte. Die darauf folgende Sanierung zwang Antoine, einen Posten als Kopilot auf einer Maschine anzunehmen, die zwischen Marseille und Algier pendelte. Möglicherweise konnte Consuelo nicht ermessen, welch tiefe Demütigung dies für einen Flugpionier bedeutete, der für seinen Mut berühmt war. Aber sie wird schnell festgestellt haben, wie prekär sich ihre materielle Lage nun gestaltete. Ein steiler Absturz, der noch durch die festen Kosten für das Familienschloss beschleunigt wurde. Angesichts dieser katastrophalen Umstände bot Marie de Saint-Exupéry im Juni 1932 das Anwesen Saint-Maurice-de-Rémens zum Verkauf an und bezog mit Hilfe ihres Sohnes und ihrer Schwiegertochter eine Wohnung in Cannes.

Antoines nostalgische Sehnsucht nach der glücklichen Kindheit, die er mit seinem Bruder und seinen drei Schwestern in Saint-Maurice verbracht hat, scheint in allen seinen Werken auf. Als das Schloss an die Stadt Lyon verkauft wird, die dort eine Ferienkolonie einrichten will, ist seine Trauer tief und wird noch verstärkt durch sein schlechtes Gewissen, dass er den Verlust nicht hat verhindern können. Für Consuelo verflüchtigen sich mit Antoines Erbe die letzten Reste eines Bildes, das sie sich in Buenos Aires von ihm gemacht hatte. Damals hatte ihr zukünftiger Mann ihr das Leben eines Provinzaristokraten geschildert, der sich auf seinen Ländereien ergeht und achtungsvoll von den Bauern aus dem Dorf gegrüßt wird, die demütig den Hut vor ihm ziehen. Genau wie zu Hause in Armenia, nur dass hier noch der »Herr Graf« dazukam!

Die Stellung als Gutsherr brachte gewisse Pflichten mit sich, von denen sie im Jahr ihrer Heirat anlässlich des Weihnachtsfestes einen Eindruck bekommen hatte. Als Weihnachtsmann verkleidet, hatte Antoine Geschenke an die Kinder aus dem Dorf verteilt, während seine Mutter in der Kirche, wo die

Familie in der ersten Reihe auf eigens für sie reservierten Polstersitzen Platz nahm, den Chor der Gemeinde dirigierte. Sie hatte das Gefühl der Dauerhaftigkeit genossen, das vom Speisesaal des Schlosses ausging, der mit einem massiven und anscheinend unzerstörbaren Geschirrschrank und einem eben solchen Tisch möbliert war. Ein Gefühl, das sie auch in der Kapelle überkam, in die man durch eine Geheimtür gelangte und deren Boden zum Andenken an eine längst auf immer entschwundene Monarchie mit Lilien geschmückt war. Die Respektbezeugungen des Hauspersonals und der Dorfbewohner der »Frau Gräfin« gegenüber ließen nicht ahnen, dass diese Zeichen der Unterwerfung einer sozialen Schicht galten, die im Untergang begriffen war, und mit ihr die Beständigkeit, die sie seit Generationen symbolisierte.

Zu der schnellen Abwicklung von Saint-Maurice gesellte sich noch die zusätzliche Kränkung, dass das Mobiliar des Besitzes – ausgenommen das des Speisesaals – öffentlich auf der Hauptstraße des Dorfes feilgeboten wurde. An zwei Sommersonntagen feilschten nun Käufer und Neugierige um Möbel und persönliche Gegenstände, um Betten, Sessel, Uhren, Spielzeug und Kochtöpfe, die über Hunderte von Metern aufgereiht standen. Angesichts dieser Auflösung all dessen, was zusammen mit dem Titel einer Schlossherrin einmal ihr hätte gehören sollen, gab Consuelo sich den Anschein von Gleichgültigkeit und trotzte auf ihre Weise dem bürgerlichen Gerede und dem Klatsch der Dorfbewohner.

Noch Jahre später erinnert sich Marcelle Lefin, die Tochter des Besitzers der einzigen Kneipe von Saint-

Maurice, genau an Consuelos höchst auffälligen Auftritt in diesem Café, bei dem sie Hosen trug und eine Zigarettenspitze schwenkte. Zur Bestürzung der fast ausschließlich männlichen Gäste bestellte sie einen Anisschnaps, den sie, an der Bar stehend, langsam austrank, während sie in einer Zeitung blätterte, »genau wie ein Arbeiter aus dem Ort«.

Falls Consuelo jedoch geglaubt hatte, nach der Versteigerung von Saint-Maurice könne sich ihre Lage nicht weiter verschlechtern, so hatte sie sich geirrt. Kaum ein Jahr später wäre Saint-Exupéry beinahe bei einem Einsatz ertrunken und verlor seine Anstellung als Pilot. Unerbittlich setzte sich der Niedergang fort. Im Jahr 1934 waren der Graf und die Gräfin Saint-Exupéry nicht mehr in der Lage, ihre Gasrechnung zu bezahlen oder Futter für Consuelos Pekinesenhündchen zu kaufen.

Bankette, Vernissagen, Soupers und Cocktailpartys

In einer anderen Umgebung, ohne die ständige Erinnerung an den Erfolg eines vorherigen Ehemanns, hätte Antoines und Consuelos Ehe den zunehmenden Differenzen möglicherweise länger widerstanden.

Doch Saint-Exupéry trieb seine Verachtung aller Konventionen so weit, dass er in Gómez Carrillos Wohnung in der Rue de Castellane einzog und sich nicht von der düsteren, aber schweigenden Totenmaske des ehemaligen Bewohners stören ließ. Nach dem Tod ihres zweiten Mannes hatte Consuelo sich materiell gut versorgt gefunden, doch nun sah sie ihre

Rücklagen ebenso rasch dahinschrumpfen wie das Geld, das Antoine mit dem Schreiben verdiente. Da er nicht voll ausgelastet war, suchte er in wilden Fahrten mit einem Bugatti-Sportcoupé, dessen Unterhalt und Reparaturen viel zu teuer kamen, ein Ventil für seine Unruhe und Frustration. Lange nach dem Krieg kommentierte Consuelo die Verschwendungssucht ihres Mannes in einer Sendung mit Jacques Chancel folgendermaßen: »Das Geld brannte ihm Löcher in die Taschen.«

Die unmäßigen Ausgaben der beiden waren der Anlass für ihre schwersten Auseinandersetzungen und besiegelten schließlich Antoines finanzielle Abhängigkeit von Nelly de Vogüé. Diese musste ihm sogar das Geld für ein Zugbillett nach Dijon vorschießen, wo Consuelo nach einem Autounfall im Krankenhaus behandelt wurde. Schon zwei Jahre zuvor hatte sie auf der Rückfahrt von Nizza einen Zusammenstoß verursacht, der sie zwang, *El Mirador* zu verkaufen, da sie hohe Schadensersatzzahlungen leisten musste.

Monatelang, als seine Einkünfte kaum ausreichten, um sich Zigaretten zu kaufen, fand es Antoine ganz selbstverständlich, von den Ersparnissen seiner Frau zu leben. Daher konnte er sich kaum beklagen, wenn ihre alten Bekannten aus dem lateinamerikanischen Zirkel hereinschneiten und lärmende Abendgesellschaften veranstalteten. Schließlich wusste er nicht mehr, ob er es lieber sah, wenn seine Frau die ganze Nacht verschwand und von einem Fest zum anderen zog, oder ob er im ohrenbetäubenden Fluss des spanischen Geplauders ihr unaufhörliches Geplapper hören wollte.

»Wenn Sie nicht da sind, kann ich nicht denken, und wenn Sie reden, kann ich nicht schreiben«, notiert er auf einer Heftseite, als er ihre »wunderbare Unordnung« nicht mehr ertragen kann. Manchmal lässt er einen Schwall von Vorwürfen los, denen sogleich die zärtlichsten Entschuldigungen folgen. Sein Leben lang hat er seine Briefe nur selten datiert, so dass man sie allein nach ihrem Kontext einordnen kann. Der folgende Auszug schildert eindrücklich Saint-Exupérys Verzweiflung in jener Zeit, als Consuelo ein ungezügeltes Nachtleben führte:

»Niemals geben Sie mir, wonach ich dürste. Bankette, Vernissagen, Soupers, Cocktails ... Sie sind eine Dame der Gesellschaft. Täten Sie nicht besser daran, etwas öfter zu Hause zu sein? Gibt es denn nicht den Schimmer einer Hoffnung?« Diese Klageschrift lässt er an einem sichtbaren Ort für Consuelo zurück, bevor er mit Freunden zu einem Ausflug in seinem verbeulten Bugatti aufbricht. Und er fährt fort:

»Ich sehne mich so sehr nach Hilfe. Nach der Unterstützung einer Frau. Gestern, heute Morgen, heute Abend hätten Sie mir zu essen geben sollen. Mir eine Tasse Tee einschenken, mir die Hand auf die Stirn legen. Wenn ich tot bin, werden Sie erkennen, was Sie verloren haben. Sie bringen mich dazu, das Leben zu hassen.«

Als sich Saint-Exupéry in der Rue de Castellane niederließ, wo Gómez Carrillo gestorben war, akzeptierte er ein Leben inmitten von Erinnerungen, die angetan waren, Vermutungen über die extravagante Vergangenheit seiner Frau zu wecken. Zu dem Bild der wahren Consuelo, das er langsam zu ahnen begann, gesellte sich noch die traurige Erkenntnis, dass sie nie ein Kind haben würden, denn Consuelo war unfruchtbar. Ihre Großnichte Mireille Dimas bestätigte diese Diagnose, die in Consuelos Jugend gestellt wurde und die ihre Familie ihrer schlechten Gesundheit zuschrieb. Da das einzige Kind, das dieser Ehe je entspringen sollte, der Kleine Prinz war, übertrug Saint-Exupéry die Faszination, die er für Kinder und ihre unschuldigen Spiele empfand, auf seine Nichten und Neffen.

Auch wenn die beiden Probleme mit dem Zusammenleben hatten, die langsam ihre Beziehung beeinträchtigten, so wirkten sich diese wahrscheinlich weniger ungünstig auf ihre Ehe aus als Consuelos Unvermögen, ihre Bedürfnisse in irgendeiner Weise hinter denen Antoines zurückzustellen. Nelly de Vogüé, zweifellos die Person, die seine emotionalen Bedürfnisse am besten einschätzen konnte, macht einige hämische Bemerkungen über die Ursachen des Problems und die Gründe, warum er immer stärker nach ihrer Anwesenheit verlangte.

»Die Anziehung zwischen uns war die von Menschen, welche die gleiche Sprache sprechen«, erklärt sie, womit sie auf Saint-Exupérys geringe Spanischkenntnisse anspielte, während Consuelo sich nur in ihrer Muttersprache richtig zu entfalten vermochte. Folglich schenkte sie den intellektuellen Theorien, die aus Antoines fruchtbarem Geist sprudelten, nur wenig Aufmerksamkeit, während sie, Nelly, immer ein sehr interessiertes Ohr dafür hatte.

Nelly bemerkt auch, dass Consuelo, die sich selbst ständig auf der Suche nach Zuhörern befand, ziemlich unbeeindruckt blieb vom Verlangen ihres Mannes nach »ein wenig Mitgefühl und Trost« – eine Ironie, wenn man weiß, dass »Consuelo« »Trost« bedeutet. Die traurige, leicht verwirrte Ausstrahlung, die Antoine zur Schau trug, brachte ihm die Sympathien zahlreicher Frauen ein, die alle bereit waren, ihm Gehör zu schenken. Vergessen wir nicht, dass er einen Kuss von Consuelo erlangte, indem er eine Träne vergoss! Eine Bewunderin schrieb ihm sogar aus den Vereinigten Staaten, dass sie ihn liebe, weil er so schön zu leiden wisse.

Nach dem Notverkauf der Villa in Nizza schrumpfte das von Carrillo hinterlassene Erbe täglich zusammen. 1934 verließ das Paar die Rue de Castellane, die Antoine durch ihre Nähe zu den großen Kaufhäusern zu laut war, und zog in eine winzige Vierzimmerwohnung in der Rue de Chanaleilles. Doch der Umzug in einen »Fliegenkäfig« – wie der Schriftsteller Henri Jeanson die neue Bleibe nannte – resultierte wohl eher aus dem frommen Wunsch, die Luft des linken Seineufers möge gleich einer göttlichen Fügung ihre Probleme lösen. In Wirklichkeit schlitterten die beiden jedoch eindeutig auf eine Krise zu, wie sie in einer freien Ehe nicht ausbleibt. Nelly de Vogüé wurde jetzt zu einem festen Bestandteil in Antoines Leben und war stets bereit, ihn zu jeder Tages- und Nachtzeit aus seinen Geldnöten und Depressionen zu retten, während Consuelos Ruf ins Lächerliche umkippte.

Angestiftet durch ihre Gegner, veröffentlichte der Journalist Michel Georges-Michel einen Roman mit dem Titel *Le Baiser à Consuelo*, dessen Protagonistin, eine gewisse Consuelo de Hautebrive, Antoines Gattin zum Verwechseln ähnlich sieht. Die romantische Liebesgeschichte, die durch Gerüchte über Consuelos

Liaison mit einem deutschen Pressekorrespondenten inspiriert ist, entwickelt sich während eines Spanienurlaubs. Doch die begierige, hysterische Consuelo de Hautebrive gibt sich nicht mit ihrer dämonischen Verführungsmacht zufrieden, sondern liebt es, andere zu verletzen und ihren Leiden zuzusehen. Das bösartige Porträt des Ehemannes – eines Piloten der afrikanischen Postlinie, der als schwache, naive Persönlichkeit dargestellt wird – hat Saint-Exupéry gewiss noch zusätzlich geschmerzt, denn er hat nie den Eindruck gehabt, dass Consuelo versuchte, ihn zu verspotten. Wie er Jahre später schrieb, quälte sie ihn zwar unablässig, doch ihre Motive waren »vielleicht falsch, aber weder eitel, kleinlich noch gemein.«

5. KAPITEL

Nelly

Vielleicht trug Consuelo ein gerüttelt Maß an Schuld am Zerfall ihrer Ehe, doch auch sie hatte berechtigten Grund zur Klage. Ihr Mann war weit davon entfernt, Maeterlincks Voraussage zu erfüllen und in den Rang des besten französischen Schriftstellers aufzusteigen. Consuelos Hoffnung, ihn eines Tages sein eigenes *El Mirador* erbauen zu sehen, war so rasch zerronnen wie Antoines Bankkonto. Nachdem sie so begeistert das Manuskript von *Nachtflug* gelesen hatte, bestand Saint-Exupérys ganze literarische Produktion im Jahre 1934 aus einem mittelmäßigen Drehbuch, *Anne-Marie* – eine derart unbedeutende Arbeit, dass seine Bewunderin Nelly de Vogüé in ihrer verklärenden Biographie des Schriftstellers ganz darauf verzichtet, sie zu erwähnen.

Seine beruflichen Aktivitäten im Bereich der Luftfahrt beschränkten sich auf Vortragsreisen für die *Air France*, die ihn tage- oder wochenlang vom Steuer seiner eigenen Maschine fern hielten. Diese Zeiteinteilung ließ dem Paar wenig Gelegenheit, sich miteinander auszusöhnen. Außerdem zog Antoine es stets vor, abends an seinen Texten zu arbeiten und die Vormittage zu verschlafen, was jedes normale Gemeinschaftsleben unmöglich machte. Und noch ein Umstand erschwerte die ohnehin schon komplizierte Beziehung zwischen den Ehegatten: Jeder der beiden gehorchte seinem Drang nach Unabhängigkeit, was so weit ging, dass der eine oder andere plötzlich die Hauptstadt verließ, Consuelo sogar, ohne den geringsten Hinweis auf ihr Ziel zu hinterlassen. Es kam vor, dass Antoine zum Abendessen bei Freunden erschien und verkündete, er habe seine »Hexe« verloren. Einmal sorgte er sich tagelang wegen ihrer Abwesenheit und telefonierte landaus, landein nach ihr herum, bis er ein Telegramm aus den Alpen erhielt: »Hören Sie denn die Glöckchen Ihres kleinen Lamms nicht klingeln?«

Im Gegensatz zu Gómez Carrillo und Vasconcelos, die Consuelo als kleines, kostbares und zerbrechliches Wesen verhätschelt hatten, schien Antoine den Auswirkungen ihres chronischen Asthmas wenig Bedeutung beizumessen, obwohl sie in ständiger Furcht vor Erstickungsanfällen lebte, an denen sie zu sterben glaubte. Seit ihrer Kindheit, als ihr Vater versuchte, sie mit Pflanzentränken zu heilen, hatte sich Consuelo immer wieder vergeblich verschiedenen Behandlungsmethoden unterzogen. Ihre Angst vor dem Alleinsein, vor allem nachts, wenn nach den ersten Stunden des Schlafes die Anfälle auftreten konnten, erklärt zum Teil ihre ständige Suche nach Gesellschaft. Mit dem Alter verschlimmerten sich die Anfälle so sehr, dass sie manchmal in der Öffentlichkeit taumelte und zusammenbrach – ein Zustand, der so leicht mit Trunkenheit zu verwechseln war, dass er ihren Feinden einen weiteren Anlass lieferte, sie zu verleumden.

Antoine, selbst ein notorischer Hypochonder, schenkte Consuelos Atembeschwerden gerade so viel Aufmerksamkeit, um im *Kleinen Prinzen* zu schreiben, dass die Rose »sich sterben lassen könne«, allerdings in einem Ton, der vermuten lässt, dass sie mit dieser Komödie nur Schuldgefühle bei ihrem Gefährten wecken will. In einem Brief an einen New Yorker Arzt zieht er 1942 Consuelos Symptome sogar ins Lächerliche, indem er schreibt, seine Gattin sei nicht krank, »sie wünscht sich jedoch wie alle Frauen, dass wir Männer uns ständig um ihre Gesundheit kümmern.«

Schon möglich, dass Consuelo manchmal Anfälle vortäuschte, um ihre Ziele zu erreichen, aber es besteht kein Zweifel, dass man zur damaligen Zeit die physiologischen, hormonellen und psychologischen Auswirkungen des Asthmas noch nicht kannte. Die aktuelle medizinische Literatur unterstreicht, dass die durch die Krankheit verursachten Fehlfunktionen der Drüsen besonders bei Frauen zu Überempfindlichkeit und nervösen Störungen führen. Psychiater und Spezialisten erklären die Hypersensibilität und leichte Erregbarkeit von Asthmatikern – eine Diagnose, die perfekt auf Consuelo zutrifft – als somatische Reaktion auf einen »Frustrationskonflikt«.

Und Consuelo fehlte es wahrhaftig nicht an Gründen, sich frustriert zu fühlen. Ihre Versuche, Antoines Eifersucht zu erregen, ein Rezept, das im Wettstreit zwischen Carrillo und Vasconcelos Wunder gewirkt hatte, konnten Saint-Exupéry nicht dazu bewegen, die Fliegerei oder Nelly de Vogüés Gesellschaft aufzugeben. Deren Rolle im Leben des Schriftstellers hatte seit 1935 mehr und mehr an Bedeutung gewonnen, jenem Jahr, in dem Antoine und Consuelo auf Grund von Mietrückständen und Drohungen, das Mobiliar zu beschlagnahmen, die Wohnung in der Rue de Chanaleilles verlassen und im Hotel Zuflucht suchen mussten.

Nach Saint-Exupérys Tod machte sich Nelly – ein Kosename, der von ihrem irischen Kindermädchen stammte – unter großem Zeitaufwand daran, die Biographen des Fliegers mit merkwürdigen Mitteln, darunter an erster Stelle ihr Pseudonym Pierre Chevrier, auf falsche Spuren zu führen. Ihre Romane dagegen zeichnete sie mit dem Nom de plume Hélène Froment, was zu einem bizarren Interview in *Icare* führte, in dem »Froment« sich mit »Chevrier« über die wunderbare Begabung Saint-Exupérys austauscht. Mit der Veröffentlichung von Antoines Korrespondenz unter dem Titel *Briefe an X* wird die Irreführung zum System. Nelly zögert nicht, Bezug auf nicht belegte Aussagen zu nehmen, wonach »er die erstickende Seite der Paarbeziehung ablehnte« und »fand, ein Mensch dürfe sich nicht das Recht anmaßen, einen anderen als sein Eigentum zu betrachten«.

Hinter der Verbreitung derartiger Behauptungen verbirgt sich das implizite Eingeständnis, dass Saint-Exupéry sich trotz ihres starken Charakters und der unschätzbaren intellektuellen und finanziellen Unterstützung, die sie ihm gewährte, niemals von ihr »zähmen« ließ. Für ihn war Nelly vor allem der realistische und beständige Gegenpol zu der zerbrechlichen und wankelmütigen Consuelo. Die hoch gewachsene, elegante und gebildete Nelly war die Tochter des 1873 in Valmunster im damals deutsch besetzten Departement Moselle geborenen Industriellen Maximilien Jaunez.

Mit Hilfe einer großen Mitgift heiratete sie mit zwanzig Jahren in den Clan der de Vogüés ein, eine der reichsten und ältesten französischen Adelsfamilien – eine Vernunftehe. Begabt mit einem scharfen, vom Vater geerbten Geschäftssinn, machte sie sich nach ihrer Hochzeit mit Jean de Vogüé, einem Major der Marine, energisch daran, eine beeindruckende Anzahl politischer sowie wirtschaftlicher Verbindungen zu knüpfen. Nach der Geburt des Sohnes verfolgte jeder der beiden Ehegatten seine eigene Karriere, und 1935 forderte Nelly die bürgerliche Gesellschaft heraus, indem sie mehr oder weniger offiziell als Saint-Exupérys Zweitfrau auftrat.

Zu diesem Zeitpunkt hatte sie ihren eigenen Weg in der Fayence-Industrie von Sarreguemines gemacht und schickte sich zusammen mit René de Chambrun – dem Schwiegersohn von Pierre Laval – und Henri Claudel – dem Sohn des Schriftstellers – an, in den Vereinigten Staaten eine Vertretung für die Vermarktung französischer Erzeugnisse zu eröffnen. Antoine de Saint-Exupéry war sie 1929 in einem Kreis vermögender Freunde begegnet, der sich um Louise de Vilmorin, Antoines erste Verlobte, und deren Cousine Yvonne de Lestrange bildete. Für Nelly, die zu jener Zeit frisch verheiratet war, stellte Saint-Exupéry damals nur eine angenehme Bekanntschaft dar, einen Poesieliebhaber, von dem alle Welt wusste, dass er furchtbar in Louise verschossen war.

Öffentlich trat sie an Antoines Seite erstmals bei einem Diner auf, das von dem Pressezaren Pierre Lazareff gegeben wurde. Ihn hatte Nelly überredet,

Saint-Exupéry einen Vertrag anzubieten, der ihm eine bestimmte Anzahl von Artikeln für die Zeitung *Paris-Soir* zusicherte. Unvermeidlich rief die Freundschaft der beiden Spekulationen darüber hervor, woher Antoine die Mittel zum Kauf der Caudron Simoun hatte, die er im Dezember 1935 erwarb – ausgerechnet zu einer Zeit, als er sich ständig auf der Flucht vor dem Gerichtsvollzieher befand. Er wollte den Rekord Paris-Saigon brechen und den für den Sieger bestimmten Preis einstecken.

Der darauf folgende schreckliche Unfall in der Libyschen Wüste machte ihn berühmter als sämtliche bisherigen fliegerischen und literarischen Leistungen und regte ihn zu einem der fesselndsten Kapitel von *Wind, Sand und Sterne* an. Doch ursprünglich hatten hinter dem Versuch, den Rekord Paris-Saigon zu schlagen, die wachsenden Differenzen mit seiner Frau gestanden. Antoine gab nichts auf Consuelos Einwände, die sich gegen diese wahnsinnige Reise aussprach. Zwei Jahre zuvor, nach seinem Unfall mit einem Wasserflugzeug, als er in der Bucht von Saint-Raphaël fast ertrunken wäre, hatte sie neben seinem Krankenhausbett ausgeharrt und angsterfüllt zugehört, wie er die Einzelheiten des Absturzes schilderte und berichtete, die Vorstellung zu sterben sei ihm beinahe angenehm gewesen.

In den nunmehr fünfzehn Jahren, die er flog, hatte Saint-Exupéry etliche Unfälle überlebt, die er durch seine Zerstreutheit oder durch schlampige Reisevorbereitungen verursacht hatte. Dass er sich bei der Organisation des Flugs Paris-Saigon so wenig engagierte, war für Consuelo eine weitere Bestätigung, dass Antoine dem Leben gleichgültig gegenüberstand.

Tatsächlich handelte es sich um den längsten Flug, den er jemals unternommen hatte: mehr als zehntausend Kilometer in neunundneunzig Stunden; und nur der Mechaniker André Prévot würde darüber wachen, dass er nicht einschlief.

Als Saint-Exupéry sich auf diese Expedition einließ, vermittelte er den Eindruck, ihm sei es gleich, ob er sein Ziel erreiche oder nicht. Seinen eigenen Worten nach ermöglichte das Fliegen ihm vor allem, »die Städte und ihre Buchhalter hinter sich zu lassen und eine bäuerliche Wahrheit wiederzuentdecken«.

Im letzten Moment zog man Jean Lucas, einen Veteran der *Aéropostale*, hinzu, damit er einen minutiösen Flugplan ausarbeitete. Lucas vermutet, Antoines Hauptmotiv für diesen unüberlegten Rekordversuch sei die Flucht vor seinen Problemen in Paris gewesen. »In Afrika«, setzt er hinzu, »habe ich Antoine immer entspannt und glücklich erlebt, ohne Sorgen. In Paris war er nicht mehr derselbe. Er platzte immer noch vor Lachen heraus wie ein Kind, aber ständig saßen ihm alle möglichen Probleme im Nacken.«

Um die Weihnachtszeit beschloss das »Komitee« der Freunde, sein Hauptquartier im Hotel *Pont-Royal* einzurichten, wohin sich das Paar geflüchtet hatte. Doch bald behinderte ein unaufhörlicher Strom von Besuchern den Fortgang der Vorbereitungen und zwang Lucas, sich in Consuelos Zimmer zurückzuziehen, um sich auf seine komplizierte Arbeit zu konzentrieren. Doch seine Einsamkeit währte nur kurz, denn schon bald drang stürmisch die junge Ehefrau ein, der er schließlich eine Tracht Prügel verabreichen musste, damit sie endlich zu plappern aufhörte. Währenddessen stieß Antoine mit unzähligen Freunden – darunter

Joseph Kessel und Gaston Gallimard – auf seine bevorstehende Abreise an, um sich anschließend noch ein paar Stunden Ruhe in Consuelos Zimmer zu gönnen. Am Morgen des Aufbruchs vergaß er die beiden großen Thermosflaschen mit dem starken Kaffee, der ihn wach halten sollte, und machte auf dem Weg zum Flughafen Bourget in einer Apotheke Halt, um zwei neue zu kaufen, die er in einem Café füllen ließ.

Da er sich entschieden hatte, den sperrigen Sender zurückzulassen, um mehr Treibstoff mitzunehmen, konnte Saint-Exupéry nach seinem Absturz in der Sahara, nur 3700 Kilometer von seinem Ausgangspunkt entfernt, nicht einmal um Hilfe rufen. Ohnehin wäre er nicht in der Lage gewesen, seine Position durchzugeben, da er vom Kurs abgekommen war und glaubte, den Nil überquert zu haben, der in Wirklichkeit noch einige hundert Kilometer vor ihm lag.

Vom 31. Dezember an, dem Datum, an dem er in Saigon hätte eintreffen sollen, tagte im Hotel *Pont-Royal* ein permanenter Krisenstab, der von einer nach Neuigkeiten gierenden Menge bestürmt wurde. Zwei Tage lang stieg die nervöse Spannung, während Saint-Exupéry und Prévot verloren und am Ende ihrer Kräfte durch die Wüste wanderten, um schließlich in höchster Not von Beduinen gerettet zu werden.

In Paris war Antoines Mutter an die Seite ihrer Schwiegertochter geeilt und betete um das Leben ihres Sohnes. Doch den größten Trost fand Consuelo bei Madeleine Goisot, ihrer sieben Jahre jüngeren Freundin und Vertrauten. Die beiden waren sich 1932 in dem kleinen Verlag *La Connaissance* im Marais-Viertel begegnet. Der Besitzer, René-Louis Doyon, hatte sich

mit der Publikation einer Literaturzeitschrift in Klein-
format, *Le Livret du Mandarin*, einen gewissen Ruf erworben und zögerte nicht, seinen Einfluss zu Gunsten
junger Schriftsteller einzusetzen, so zum Beispiel für
André Malraux. Madeleine Goisot, eine Freundin Le
Corbusiers, verkehrte zusammen mit ihrem Bruder,
einem Maler, und einem Schwager, der Architekt war
und den *Prix de Rome* erhalten hatte, in Künstler-
kreisen. Sie selbst, Kunstagentin und mit solidem ge-
sunden Menschenverstand gesegnet, ermutigte Consuelo, Malstunden zu nehmen. 1948 sollte sie in der
Galerie Breteau die erste Pariser Ausstellung mit Bildern ihrer Freundin organisieren, die diese in den Vereinigten Staaten gemalt hatte. Die beiden jungen Frau-
en sahen sich häufig, auch konnte Consuelo angesichts
ihrer ehelichen Turbulenzen stets auf Madeleines
Diskretion zählen. Doch nach deren Aussage wurde
ihre Freundschaft misstrauisch beäugt.

»Consuelo war für mich wie eine Schwester, aber
vor der Familie oder den Freunden ihres Mannes vermieden wir es, uns zu duzen, weil dies falsch inter-
pretiert worden wäre«, berichtet Madeleine heute
und zeigt ein Foto, auf dem sie während der langen
Wartezeit im *Pont-Royal* neben Consuelo sitzt. In diesen zwei Tagen unternahmen die beiden kleine Aus-
flüge, um der beklemmenden Atmosphäre des Hotels
zu entkommen; einmal zu einer Kartenlegerin, ein
andermal in die Kirche Notre-Dame-des-Champs,
um eine Kerze vor dem Altar der Jungfrau Maria anzuzünden. Madeleine Goisot erinnert sich noch an
Consuelos Worte, die beim Verlassen der Kirche
zutiefst überzeugt erklärte: »Er ist gerettet. Ich weiß
es, die Jungfrau hat es mir gesagt.«

Zeichnung von Consuelo, ein Geschenk an
Madeleine Goisot (Ausschnitt)
Oben: »Tonio« und Consuelo

Als am 2. Januar 1936 um Mitternacht im Hotel aus Kairo eine Nachricht des französischen Botschafters eintraf, die die Rettung von Saint-Exupéry und Prévot verkündete, stieß Consuelo einen Schrei aus und fiel für einen Augenblick in Ohnmacht. Dann schleppte sie die ganze Gruppe in die Brasserie *Lipp*, um die frohe Kunde zu feiern, und versetzte dort alle in Erstaunen, als sie große Humpen Bier bestellte und Trinksprüche auf »Tonios« Gesundheit ausbrachte.

In den folgenden Tagen hatte sie mehrmals Gelegenheit, mit ihrem Mann zu telefonieren. Er erholte sich gut und erklärte ihr, er wolle an den Ort des Absturzes zurückkehren und die Formalitäten erledigen, die für die Rückführung des Wracks notwendig seien. Consuelo wartete, bis er wieder nach Kairo zurückkehrte und beschloss, in der ägyptischen Hauptstadt zu ihm zu stoßen.

»Als sie im Hotel *Continental* eintraf, hat sie wahrscheinlich die größte Enttäuschung ihres Lebens erlebt«, vertraut uns Madeleine Goisot an. »Sie fand keineswegs einen Antoine vor, der nach seiner Ehefrau schmachtete; stattdessen entdeckte sie, dass sich Nelly fürsorglich um ihn kümmerte, was vielleicht erklärt, warum diese bei den Zusammenkünften im *Pont-Royal* gefehlt hatte«, setzt sie hinzu.

Völlig verzweifelt und überstürzt verließ Consuelo das Kairoer Hotel und traf zufällig auf einen mit ihr bekannten Schriftsteller. Diesem verständnisvollen Zuhörer vertraute sie ihren Kummer an, um dann auf mehrere Tage zu verschwinden. Der besorgte Saint-Exupéry, der nicht wusste, was aus seiner Frau geworden war, beschloss, seine Rückkehr nach Frankreich vorzuverlegen und ließ Prévot zurück, damit dieser die letzten Formalitäten erledigte. Als die *Kawsar* in Marseille einlief, stand Consuelo am Pier mitten im Schwarm der Journalisten, die zu seinem Empfang gekommen waren. Die Fotos von diesem Ereignis zeigen sie auf der Brücke des Schiffes neben ihrem Mann sitzend, wo sie die Fragen der Presse beantwortet. Ihr verschlossenes Gesicht und die über ihrer Handtasche verkrampften Hände strahlen ein Gefühl der Trauer aus, das so gar nicht zu der Begeisterung über seine Rückkehr passen will. Wahrscheinlich haben sie Saint-Exupérys Erklärungen – Nellys Anwesenheit sei Zufall gewesen, sie habe sich rein geschäftlich in Kairo aufgehalten – nur halb überzeugt und der unter seinem Namen in *L'Intransigeant* veröffentlichte Bericht über den Unfall wird ihre Verwirrung noch vergrößert haben.

In *Wind, Sand and Stars*, der amerikanischen Version von *Wind, Sand und Sterne*, die länger ist als das französische Original, schreibt er, durch den Gedanken an Consuelos Blick habe er der Versuchung widerstanden, sich hinzulegen und auf den Tod zu warten: »Ich sehe die Augen meiner Frau. Nie wieder werde ich etwas anderes anschauen als diese Augen. Sie fragen, und ich antworte. Mit aller Kraft gebe ich Antwort. Leuchtendere Flammen könnte ich nicht in die Nacht hinaussenden.« Für ihn, der wusste, dass »jede Sekunde des Schweigens die Menschen, die man liebt, ein wenig tötet«, waren diese Augen wie ein Hilferuf.

Saint-Exupéry nutzte die nachsichtige Stimmung, die seit seinem Unfall in der Familie herrschte, um die Eifersucht zu mildern, die seine Mutter für ihre

Schwiegertochter empfand. Dazu machte er klar, dass seine Zuneigung zu Consuelo hinter der Liebe zu seiner Mutter nur den zweiten Platz einnahm.

»Mama, ich habe so störrisch nach Ihnen gerufen wie ein kleines Zicklein. Ein wenig bin ich auch um Consuelos willen wiedergekommen, aber im Grunde sind immer Sie es, die einen zurückholen, Mama«, schreibt er unmittelbar nach seiner Rückkehr.

Doch Antoines Bemühungen, die beiden Frauen auszusöhnen, besänftigen Marie de Saint-Exupéry nicht. Drei Jahre später beklagt sie sich bei ihrer Schwiegertochter, sie erhalte keine Briefe mehr von Antoine, und wirft ihr vor, sie der kindlichen Zärtlichkeit zu berauben, mit der er sie gewöhnlich überschüttete. Ein Vorwurf, auf den Consuelo großmütig und verständnisvoll reagiert, möglicherweise aus der eigenen Verzweiflung heraus, dass Nellys Einfluss sie Antoine entfremdet hat: »Nein, Mama, Sie dürfen nicht an unserer Liebe zweifeln. Wir beide lieben Sie von ganzem Herzen und haben nicht verdient, dass Sie böse auf uns sind. Ich sollte traurig sein, weil meine Briefe Sie nicht mehr berühren. Seitdem ich Sie ›Mama‹ nenne, empfinde ich für Sie wie für meine eigene Mutter. Und wenn ich Ihre Tochter bin, dann dürfen Sie mir nicht vorwerfen, Ihnen Tonios Zuneigung zu stehlen. Quälen Sie sich nicht. Verzeihen Sie uns, meine kleine Mama, wenn wir Ihnen durch unsere Gedankenlosigkeit Schmerz bereitet haben, und lieben Sie uns wie Ihre Enkelkinder.«

Ein wenig wie Christus

Die von Nelly de Vogüé verfasste Saint-Exupéry-
Biographie ist in erster Linie eine Huldigung von
Antoines Genie, seiner Intelligenz, aber auch seiner
exzentrischen Züge und Launen. Doch gewisse Passagen lassen auch auf eine sehr enge Beziehung zwischen der Biographin und ihrem Gegenstand schließen. Saint-Exupéry fand bei Nelly immer ein offenes
und nachsichtiges Ohr. Ihr Werk steckt voller Lobeshymnen auf seinen Intellekt und seine Bildung, doch
leider lässt sie sich von diesen positiven Eigenschaften
so sehr blenden, dass sie sogar Aussagen macht, die
den Autor selbstgefällig und überheblich erscheinen
lassen. Einige Auszüge aus seinen Schriften, in denen
sie sein geniales Format zu entdecken glaubt, sind
nichts weiter als semantische und philosophische Fin-
gerübungen, deren Verschachtelungen und alttesta-
mentarischer Ton keine Lust auf eine zweite Lektüre
machen. »Du bist ein wenig wie Christus, wenn du an
deiner *Stadt in der Wüste* schreibst«, erklärt ihm Nelly
1943 bei einem ihrer Besuche in Nordafrika. In ihren
Augen wandeln sich selbst Antoines Fehler zu Tugenden: »Er jedoch zeigt sich launisch: entweder vergräbt
er sich in grüblerischem Schweigen, das manchmal
sogar feindselig erscheint, oder er überlässt sich Wut-
anfällen, absolut kindlichem Schmollen. Aus seiner
Kindheit hat er die Frische seiner Emotionen in der
Freude wie im Kummer bewahrt.«

Im Gegensatz zu Consuelo, die Saint-Exupérys
mühsame Art zu schreiben mit Gómez Carrillos
leichter, ungezwungener Arbeitsweise verglich, war
Nelly wie hypnotisiert von der fieberhaften, körper-

lichen Anstrengung, die Antoine dabei an den Tag legte: »Er schwitzte, schnippelte an den Seiten herum, strich durch und ging wie ein Berserker auf manche Satzteile los.«

Ohne die intimen Enthüllungen hätte die von Nelly de Vogüé verfasste Biographie, die 1949 erschien – nur fünf Jahre nach Antoines Tod und in einem Moment, als die beiden Frauen vor Gericht um sein literarisches Erbe stritten –, Consuelo vielleicht sogar amüsiert. Neben einer sehr weiblichen Schilderung der Unordnung in Saint-Exupérys Zimmer oder Bemerkungen über seine eigentümlichen Essgewohnheiten gibt Nelly unumwunden zu verstehen, dass sie ihn vor dem Krieg – in den Jahren 1938 und 1939 – im Flugzeug und im Auto durch Deutschland begleitet hat. Saint-Exupéry, der sich stets geweigert hat, eine Fremdsprache zu erlernen, wusste das fließende Deutsch seiner Gefährtin zu schätzen, das sie von ihrer preußischen Mutter gelernt hatte und das sich als sehr nützlich erwies, um das Misstrauen der Nazis zu zerstreuen.

Wir wissen nicht, ob Consuelo erriet, wer sich hinter dem Pseudonym Pierre Chevrier verbarg, aber sicher zweifelte sie keinen Moment daran, woher die Informationen stammten, vor allem die unveröffentlichten Briefe. Das Werk enthält eine Unzahl sehr persönlicher Schilderungen über Begegnungen mit Saint-Exupéry im besetzten Paris, in Vichy, während des Krieges in New York und später in Algier. Angesichts dieser Zeugnisse kann man sich vorstellen, welch hohes Ansehen Nelly bei den damals Herrschenden genoss. Ihr Einfluss gestattete es ihr, Visa für das Ausland zu erhalten, als die Mehrheit der

Franzosen nicht einmal die Demarkationslinie überqueren konnte. Bei der Lektüre ihrer Erinnerungen wird verständlich, dass sie alle Türen zu öffnen vermochte, so auch bei Antoine.

Consuelo litt unermesslich unter dem Verlust der Liebe ihres Mannes, vor allem, nachdem sie zärtliche Briefe von Nelly entdeckt hatte sowie eine nicht abgesandte Antwort Saint-Exupérys, in der er schrieb, er sei bereit, ihr bis ans Ende der Welt zu folgen. In einem Brief an ihre Freundin Suzanne Werth spielte Consuelo mit einem schmerzlichen Bild darauf an: Sie fühle sich »wie eine Krabbe, die sich mit den eigenen Scheren den Leib und das Herz zerreißt.« Von 1935 bis 1940, als sie untertauchen mussten, vermittelten die Werths zwischen dem Paar, hörten sich die jeweiligen Beichten an und erlebten oft die peinliche Situation, nicht zu wissen, ob Antoine in Begleitung Consuelos oder Nellys in ihrer Wohnung in der Rue d'Assas auftauchen würde.

Schließlich ertrug Consuelo sein Doppelleben nicht länger und teilte Antoine mit, sie werde sich mit einem Anwalt beraten und eventuell die Scheidung einreichen. Als dieser hörte, dass sie ihre Trennung auch juristisch vollziehen wollte, bekam er einen heftigen Wutanfall. Immer wieder erklärte er, er weigere sich, die Ehe zu lösen, die er als höchstes Sakrament betrachtete, und gab Consuelo die Schuld daran, dass ihr gemeinsames Leben gescheitert sei: »Sie sind es, die unser Leben verpfuschen will. Weil Sie mich ins Unrecht setzen wollen. Man baut sein Glück nicht auf den Papieren von Advokaten auf. Sie wollen die totale Trennung, statt mir die Atmosphäre der Einfachheit zu schenken, die Frische, die ich brauche.«

Die vehemente Reaktion ihres Mannes, der sich über die Unauflösbarkeit der ehelichen Bande ausließ, hinderte Consuelo nicht daran, einen Rechtsanwalt zu konsultieren. Sie beriet sich mit Robert Tenger, einem Freund aus dem literarischen Milieu, der Jahre später einen lakonischen Bericht über ihr Gespräch lieferte. Er stellte ihr drei Fragen: Hatte sie einen Liebhaber? Hatte sie Geld? Wollte sie wieder heiraten? Als Consuelo alle drei Fragen mit einem entschiedenen Nein beantwortete, setzte er ihr auseinander, dass eine Scheidung unsinnig sei. Darauf ging sie zum Telefon, um Antoine anzurufen, und Tenger hörte, wie sie energisch verkündete: »Mach dir keine Sorgen. Ich werde mich nicht scheiden lassen.«

Eine Zeit lang probten die beiden in einer zweistöckigen Wohnung gegenüber dem Invalidendom das »halb« getrennte Leben. Dort konnte Consuelo auch endlich ihrem bildnerischen Talent freien Lauf lassen; eine Berufung, die schon aus den Tagen ihrer Beziehung zu Carrillo herrührte. Damals hatte sie dem Wunsch Ausdruck verliehen, Unterricht zu nehmen, doch zur Antwort bekommen, sie sei zu alt zum Studieren. Nach dem Tod ihres Mannes hatte sie dann eine kleine Akademie gefunden, die auch erwachsene Schüler aufnahm, und dort die Grundlagen des Modellierens in Ton erlernt.

Dieser neue Modus Vivendi konnte der Rivalität mit Nelly eine Zeit lang standhalten. Doch zwei Jahre später zogen Antoine und Consuelo endgültig in getrennte Wohnungen, damit Saint-Exupéry sich »Ferien von der Ehe« nehmen und seine »Kleine« bei sich zu Hause empfangen konnte.

Die ruhige Atmosphäre, die Antoine stets suchte, erleichterte ihm die Konzentration auf die ersten Kapitel von *Wind, Sand und Sterne*. Bei diesen Vorbereitungen war ihm Nelly, die als Geschäftsfrau ständig unterwegs war, wenig hilfreich. Stattdessen unterstützte ihn sein junger Cousin, André de Fonscolombe, der sich nur zu gern der »Romanplackerei« unterwarf und grenzenlose Bewunderung für den älteren Verwandten hegte.

Eine leicht betrübte Frau

»Wir sind ins Hotel Lutétia gezogen«, schreibt Consuelo 1937 an Suzanne Werth. »Dies ist das Ende von allem, und vielleicht der Anfang. Es ist traurig zu spüren, dass man altert und von seinem Gefährten nicht geliebt wird. Und außerdem können Tonios Freundinnen mich so wenig leiden, dass ich allein vielleicht ruhiger dran wäre. Falls ich weiterlebe, denn ich bin krank.«

In einem anderen Brief schreibt sie, sie fühle sich verloren ohne ihren »Tonio«, sagt aber den Tag voraus, an dem er Tränen vergießen werde, so wie sie geweint habe, »weil er das offene Meer, die Schiffbrüche, die Gespenster vorzog. Und ich, ich sterbe langsam dabei.«

Da Tonio seine beiden Damen abwechselnd besuchte und manchmal am selben Tag nacheinander mit beiden ausging, ist kaum festzustellen, welche ihm wichtiger gewesen sein mag. So feierte er beispielsweise am Abend des 3. März 1939 bei Consuelo mit ungefähr fünfzehn Freunden – darunter den Werths und dem Paar Georges Duhamel und Madeleine Goisot – die Verleihung des Preises der *Académie française* für *Wind, Sand und Sterne*, um dann auf dem Höhepunkt des Festes zu Nelly und deren Gästen zu verschwinden.

Während der ganzen Zeit, die dieses Dreiecksverhältnis währte, muss Consuelo sich oft gefragt haben, ob sie überhaupt noch irgendeinen Einfluss auf ihren Mann ausübte; vor allem als er im Februar 1939 in Guatemala beinahe bei einem Absturz ums Leben kam, nachdem er mit einer neuen Simoun wieder einmal einen Rekordversuch unternommen hatte, dieses Mal zwischen New York und Patagonien. Consuelo hatte die Gefahr vorausgeahnt und ihn angefleht, sich nicht in dieses Abenteuer zu stürzen, während Nelly alle Schwierigkeiten aus dem Weg räumte und mit der Regierung über Zuschüsse verhandelte.

Bei der Nachricht vom Unfall ihres Mannes, der nur wenige Kilometer von Gómez Carrillos Geburtsort entfernt geschah, eilte Consuelo sofort an sein Krankenlager. Dank ihrer Kenntnisse des Spanischen und der Landessitten und vor allem durch ihren energischen Einsatz verhinderte sie, dass man Antoine die rechte Hand amputierte. Die beiden nutzten die Nähe El Salvadors, um Consuelos Mutter in Armenia einen Besuch abzustatten und die vom Izalco beherrschte Landschaft zu erleben, von der Consuelo ihrem Mann so viel erzählt hatte. Doch bei seiner Rückkehr nach Guatemala fand Antoine Nelly vor, die gekommen war, um das Kommando zu übernehmen und seine Übersiedlung zu Freunden nach New York zu arrangieren, wo er seine medizinische Behandlung fortsetzen und an der Redaktion von *Wind, Sand und Sterne* arbeiten konnte.

Dieses Leben zwischen zwei Frauen sollte sich die nächsten fünf Jahre fortsetzen. Manchmal hatte Consuelo Antoines zärtliche Fürsorge ganz für sich, dann wieder tauchte Nelly in Frankreich, den Vereinigten Staaten oder Nordafrika auf, um sein Leben in Ordnung zu bringen oder ihn aus einem finanziellen Engpass zu retten. Dieses Eheverhältnis verwirrte die Freunde und brachte sie häufig in peinliche Situationen, bis eines Tages Suzanne Werth, die es wahrscheinlich leid war, immer die Vermittlerin zu spielen, Nelly darauf ansprach.

Diese antwortete mit einer sehr persönlichen Analyse, die sich folgendermaßen zusammenfassen lässt: Antoine behandelte Consuelo wie eine Tochter, und sie benahm sich bei ihm wie ein Kind. Ihre – Nellys – Rolle bestand darin, ihn zu bemuttern, und ihn, weil sie ihn wirklich liebte, aufzumuntern und zu nähren, bevor sie ihn mit ermutigenden Worten ausschickte, damit er seine Pflicht erfüllte und sich einer feindlichen Welt stellte. Sie selbst schonte sich niemals, um »sein unendliches Verlangen nach Mitgefühl und Trost« zu erfüllen.

Von Saint-Exupéry existieren Briefe, die diese Theorie von einer Art Vater-Tochter-Beziehung stützen. Sie fließen über vor moralisierenden Vorhaltungen, wie sie ein Mann wohl kaum seiner Geliebten schicken würde. So wirft er ihr zum Beispiel einmal ihr Verhalten vor, das ihres Namens unwürdig sei, und bittet sie, sich wie eine Dame von Adel zu benehmen, statt zu reden und zu reagieren wie ein kleines Mädchen. Er wünscht sich, dass die Leute sie ansähen und sagten: »Oh, wie hat sich doch die kleine Consuelo verändert, sie ist so würdevoll und zurückhaltend.« Und er bittet sie, in der Öffentlichkeit nicht über ihre Eheprobleme zu sprechen. Er beendet seine lange Predigt, indem er sich für seinen Wunsch entschuldigt, statt der lauten Muse der Surrealistentavernen das anbetungswürdige, diskrete und strahlende Mädchen, die Dichterin, wiederzufinden.

Der Ton der Briefe an Nelly, die man in der Sammlung *Briefe an X* nachlesen kann, ähnelt dagegen mehr dem eines gewissenhaften, manchmal weinerlich klingenden Sohnes, der sein Bestes tut, um eine strenge, distanzierte Mutter zu beeindrucken. Er versichert ihr, dass er vollständig in seinen ernsthaften Studien aufgeht, obwohl er ein schwieriges Leben führt. Es sind Briefe, denen jeglicher Humor abgeht, mit einem Hauch streng kontrollierter Fantasie – ein ähnlicher Ton wie in *Stadt in der Wüste*, das im Gegensatz zu der Magie des *Kleinen Prinzen* äußerst kopflastig wirkt.

Der *Kleine Prinz* ist zumindest teilweise die Wiedergutmachung eines Unrechts und ein Eingeständnis Antoines, seine Frau nicht verstanden zu haben: »Ich hätte sie nach ihrem Tun und nicht nach ihren Worten beurteilen sollen«, sagt der Kleine Prinz über seine Rose. Daher erfordert Consuelos Verhalten eine eingehende Betrachtung. Man weiß, dass sie die Gesellschaft von Künstlern suchte, die Antoine nicht schätzte wie beispielsweise die Surrealisten. Es wäre nicht erstaunlich gewesen, hätte sie sich einen Liebhaber genommen, um sich für Nellys Eindringen in ihre Ehe zu entschädigen. In ihrem Buch *Oppède* allerdings dementiert sie die Gerüchte über eine zärtliche Beziehung zu Bernard Zehrfuss, einem jungen Architekten mit großer Zukunft, Gerüchte, die Antoines Zirkel über sie verbreitete.

Wenn man Madeleine Goisot glaubt, die in den sechs Jahren vor dem Krieg außerordentlich viel Zeit mit Consuelo verbrachte, war ihre Freundin Opfer einer böswilligen Verschwörung, die nichts anderes im Sinn hatte, als ihren Ruf in den Schmutz zu ziehen.

»Consuelo liebte es zu bezaubern, übrigens genauso wie Saint-Ex. Sicher, sie konnte ein Feuer entzünden, doch weiter ging sie nicht«, meint Madeleine, und sie setzt hinzu: »Ehrlich gesagt glaube ich nicht, dass die körperliche Seite der Liebe sie besonders anzog. Doch sie hatte das Bedürfnis, sich geliebt zu fühlen.«

Goisot erlebte Szenen zwischen den Ehegatten, bei denen sie sich gegenseitig Untreue vorwarfen wie zwei Kinder, die sich einem zerstörerischen Spiel hingeben. »Das war das gefährliche Spiel aller Liebenden: die Eifersucht des anderen zu erregen. Consuelo beharrte: ›Wenn du deine Flugzeuge aufgibst, wirst du keinen Rivalen mehr haben.‹ Und Antoine erwiderte: ›Wenn du zu Hause bleibst und auf mich wartest, wenn ich der Einzige bin, dann werden wir sehen.‹ Aber diese verbalen Spielchen führten zu nichts, zum Teil, weil Consuelo sich nicht mit einem Gegner messen konnte, der weit gefährlicher war als irgendeine Frau, nämlich die Fliegerei.«

Consuelos Feinde halten an der Überzeugung fest, sie habe einen Ehebruch nach dem anderen begangen, mit dem ausdrücklichen Ziel, ihren Mann zu demütigen. 1935 gab diese Ansicht wie gesagt Anlass zu einem vulgären Buch mit dem Titel *Le Baiser à Consuelo*, und sechzig Jahre später grassierte im Kreis von Antoines Familie noch immer dieselbe Missbilligung, sobald seine salvadorianische Ehefrau erwähnt wurde. Der Groll schwelte weiter, genährt von Klatsch, wie ihn Françoise Giroud öffentlich verbreitete. Nachdem sie bei Dreharbeiten mit »Saint-Ex« zusammengearbeitet hatte, erklärte sie, sie habe ihn »gequält und enttäuscht von der Untreue seiner Frau« erlebt. In den neunziger Jahren wurden die Vorwürfe von dem Schriftsteller Maurice Druon wieder aufgenommen, einem Mitglied der *Académie française*, der Saint-Exupéry durch seinen Onkel Joseph Kessel vorgestellt worden war.

»Was Seitensprünge anging, so hatte sie einen ordentlichen Vorsprung«, behauptet das Akademiemitglied. »Zu ihren Liebhabern gehörte sogar der Arzt, der ihr Asthma behandelte, ein Freund meiner Familie. Ich verabscheute Consuelo. Ich habe Saint-Ex, einen großen Helden und einen großen Schriftsteller, zu sehr bewundert, um mich damit abzufinden, dass sie mittelmäßigen Menschen die Genugtuung schenkte, sie mit ihm geteilt zu haben«, meint Maurice Druon und schließt: »Ich habe einige Zeit gebraucht, um zu verstehen, dass manche Frauen sich durch ihr unwürdiges Betragen dafür rächen, dass sie sich an einen Mann gebunden haben, der zu hoch über ihnen steht.«

Diese letzte Diagnose scheint allerdings nicht auf Consuelo zu passen, die, seit sie Vasconcelos anvertraut hatte, es sei ihr Schicksal, einem großen Mann

»in den Ruhm oder den Ruin« zu folgen, bewusst immer wieder die Nähe überlegener Männer suchte.

Consuelos Verteidiger meinen, dass sie ihr fragwürdiges Verhalten schlichtweg an den Tag legte, um Vermutungen über ihre Untreue zu nähren und Antoine eifersüchtig zu machen. Eine recht wahrscheinliche Vorstellung, vor allem nach der Szene, die ihr Saint-Exupéry machte, als er von ihrer angeblichen Liaison mit dem Schriftsteller Maurice Sachs erfuhr. In dem Bestreben, sich zu entschuldigen, dass er ungewollt Streit in die Ehe getragen hatte, erklärte dieser Antoine, er habe sich durch Consuelos Sympathie sehr geschmeichelt gefühlt. Doch er stellte auch das Folgende klar: »Aber es ist die reine Wahrheit, dass sie mir an den Abenden und Nachmittagen, die wir gemeinsam verbrachten, vor allem von Ihnen sprach, und zwar auf eine Weise, die mich eindeutig spüren ließ, dass sie nur Sie liebte und niemand anderen lieben kann. Ich habe in Consuelo nur eine leicht betrübte junge Frau gesehen, die sich ein wenig ablenkte, die nicht wusste, wo auf diesen schwankenden Boden der Welt sie ihren Fuß setzen sollte – und die nur Sie liebte.«

Um Antoine vollständig zu überzeugen, hätte Sachs noch hinzusetzen können, dass er sich körperlich nicht zu Frauen hingezogen fühlte. An Consuelo erinnert er vor allem »ihre Anmut, ihre Sanftheit und ihre Fantasie«, Tugenden, die dem Großteil der Beobachter entgingen, die vor allem die lautstarken Äußerungen dieses »kleinen, wilden Dings« im Gedächtnis behielten.

Bei ihren Auftritten, die in den Worten des Autors Henri Jeanson einem »Wasserfall« glichen, wusste man nie, was einen erwartete. Außerdem war die junge Frau so zerstreut, dass sie immer wieder komische Situationen erzeugte – wie zum Beispiel, als sie bei Tisch ihre Serviette in ihr Weinglas statt in Wasser tauchte, um einen Fleck auf ihrem weißen Kostüm auszureiben. Manchmal waren die Folgen weniger witzig, aber ebenso spektakulär, wie in einer Anekdote, die Léon Werths Sohn Claude erzählt. Danach soll Consuelo beinahe einen Brand im Chalet seiner Eltern verursacht haben, als sie ein kleines Feuer mit Eau de Cologne löschen wollte. Der junge Claude Werth erwartete Consuelos Besuche immer mit Ungeduld, da sie Originalität und Komik ins Haus brachten: »Ich fieberte ihrer Ankunft geradezu entgegen. Ich fand sie sehr amüsant und verstand nicht, warum sie meinen Vater, der ein sehr ernsthafter Mensch war, so irritierte.«

Consuelos explosive Natur sorgte sogar auf den Straßen für einige Verwirrung, wenn sie zum großen Entsetzen des Fahrers in ihrer Ungeduld aus dem Wagen sprang, bevor das Fahrzeug anhielt. Als sie sich bei Antoine in Toulouse aufhielt, erfüllte diese Neigung sogar die Taxichauffeure mit Schrecken, die sie hüteten wie ein Kind.

Das hartnäckige Urteil der Familie Saint-Exupéry über Consuelos unheilvollen Einfluss wurde erst im Jahre 1994 ein wenig milder, zweifellos dank der langsam einsetzenden Rehabilitierung ihrer Person und der Betonung der Rolle der Rose in neueren Analysen des *Kleinen Prinzen*. Dazu kam noch eine kleine, 1998 verfasste Biographie. Die Autorin, Nathalie de Vallières, hatte als Saint-Exupérys Großnichte Zugang zu den Familienarchiven und schloss aus ihren Nachforschungen, dass Consuelo vielleicht kein Ausbund an Gelassenheit war, dass sie Antoine jedoch amüsierte und ihn vor einem in Routine erstarrenden Leben bewahrte. An ihrer Seite entdeckte er die Fantasie seiner Kindheit wieder, weil er genau wie sie vor allem eins nicht wollte: erwachsen werden.

Auch André de Fonscolombe, Antoines Cousin und ein Freund Nelly de Vogüés, ist der Meinung, dass das Urteil über Consuelo überzogen war, wenn er auch glaubt, dass sie nicht die ideale Gefährtin für einen Aristokraten war, den man dazu erzogen hatte, den äußeren Schein zu wahren: »Consuelo war ein äußerst wertvoller Mensch und liebte ihn sehr, aber sie war nicht in der Lage, ihn glücklich zu machen. Doch es war schließlich nicht ihre Schuld, dass er Probleme mit dem Schreiben hatte, und vielleicht hat sie ihm sogar etwas Gutes getan. Heißt es nicht, dass man unglücklich sein muss, um zu schreiben?«

Die Antwort auf diese Frage findet sich im *Kleinen Prinzen*, diesem nach den Leiden des Krieges und des Exils verfassten Märchen, in dem Antoine seiner Erkenntnis Ausdruck verleiht, dass sich der Weg zum Glück in einer einfachen Rose verbergen kann.

6. KAPITEL

Der Kleine Prinz

Liest man den *Kleinen Prinzen* vor dem Hintergrund der letzten fünf Lebensjahre Saint-Exupérys, so erscheint das Büchlein unbestreitbar autobiographisch und seltsam prophetisch. Die Panne in der Wüste, die als Einleitung der Fabel dient, sowie andere Passagen sind Reminiszenzen an sein Leben, die oft bis in seine frühe Jugend zurückreichen. Außerdem finden sich Erinnerungen an seinen Unfall in der Libyschen Wüste im Jahre 1935, nach dem er unter Halluzinationen litt.

Was den Fuchs mit den großen spitzen Ohren angeht, so schöpft der Autor aus zwei Quellen: Da ist zum einen der kleine zahme Fennek, der 1929 in Cap-Juby Antoines Einsamkeit linderte, und zum anderen der Wüstenfuchs, dessen Spuren er in der Nähe seines Wracks durch den Sand der Sahara folgte. Die Schlauheit des Tieres, das umsichtig seine Nahrung in einer Kolonie kleiner Schnecken suchte, um ihre Fortpflanzung nicht zu stören, verblüffte Saint-Exupéry und erfüllte ihn mit Bewunderung. Aber die Hauptsorge des kleinen Helden der Erzählung, die er auf zwanzig der insgesamt neunzig Seiten des Werkes ausbreitet, gilt der Rose, die der Kleine

Prinz verlassen hat, als er sich zu anderen Planeten aufmachte, und seiner Einsicht, dass er für seine Blume verantwortlich ist. Doch er kann erst auf den Asteroiden B-612 zurückkehren, nachdem die Schlange ihm den Tod gebracht hat.

Die Beweise, dass die Rose für Consuelo steht, sind zahlreich, selbst wenn Nelly de Vogüé weder in ihrem Essay über Saint-Exupérys Werk noch in ihrem zweiten Buch über den Flieger, das 1959 unter dem Pseudonym Pierre Chevrier erschien, einen einzigen davon erwähnt. Dieses zweite Buch, das besonders wegen seiner Interpretation der *Stadt in der Wüste* äußerst interessant ist, bringt eine Zusammenfassung des *Kleinen Prinzen*, die der Rose keine größere Bedeutung zugesteht als dem Geschäftsmann oder dem König ohne Untertanen. Nelly war nicht die Einzige, die sich täuschte. Dem größten Irrtum unterliegt Eugen Drewermann, einer der bekanntesten europäischen Theologen und Psychoanalytiker. In seinem 1992 auch in Frankreich erschienenen Werk *Das Eigentliche ist unsichtbar* betont der deutsche Intellektuelle »die Liebenswürdigkeit, das gezierte Verhalten und den anmaßenden Egoismus« der Rose und schließt daraus, dass hier in verklausulierter Weise auf Antoines Mutter Marie de Saint-Exupéry angespielt wird. Diese Interpretation wird 1997 von Hugo Pratt, dem italienischen Cartoonzeichner, in einem Comic über das Leben des Fliegers und Schriftstellers wieder aufgenommen, wobei die Zeichnungen in Zusammenarbeit mit der Familie Saint-Exupéry entstanden. Auf der ersten Seite ist in einer Sprechblase zu lesen, dass der Held sich sicher ist, in der Ewigkeit auf die geliebte Frau zu warten – im Übrigen ein exklusiver

Briefauszug, der meiner Saint-Exupéry-Biographie entnommen ist –, aber der Zeichner bezieht die Worte auf Antoines Mutter und nicht auf dessen Frau.

Bevor wir Saint-Exupérys letzte fünf Lebensjahre und die Rolle, die seine bewegte Ehe darin einnahm, nachzeichnen, kann nicht genug betont werden, dass die Rose ganz eindeutig Consuelo darstellt, und dass der *Kleine Prinz* zwischen den Zeilen als Beleg für das Festhalten an dieser Ehe gelesen werden muss. Dies beweist der folgende Brief Antoines an seine Frau, in dem er in einfachen und unmissverständlichen Worten erklärt: »Du weißt, dass du die Rose bist. Vielleicht habe ich nicht immer gut für dich gesorgt, aber ich habe dich immer hübsch gefunden.«

Ein Kompliment an ihr angenehmes Äußeres, das ihm allerdings nicht half, die grazile Anmut Consuelos in seine naiven Zeichnungen zu übertragen. Unter allen Illustrationen des Buches sind die Bilder der Blume am wenigsten ausgearbeitet. Sie sind entweder zu stilisiert oder zu ausgefeilt und weisen keine besondere Ähnlichkeit mit einer Rose auf.

In Gesprächen verkündete Saint-Exupéry gelegentlich ganz offen, er habe mit Absicht diese Verwirrung zwischen Consuelo und der Rose geschaffen, und erklärte, seine Gesprächspartner sollten ihre eigenen Schlüsse ziehen. Marie-Madeleine Mast, die Frau des tunesischen Generalresidenten, erinnert sich an ein Abendessen im Jahr 1943. Saint-Exupéry, der damals Major der Luftwaffe war, begann von seiner Fabel zu sprechen. Er schilderte sie als Konkretisierung eines Wachtraums, den er 1942 in Los Angeles nach einer Operation gehabt hatte.

»Dann erzählte er uns von der Rose«, fährt sie fort.

»Das klang ziemlich melancholisch, ziemlich desillusioniert. Die einzige Rose, so sagte er uns, sei seine Frau. Er sei für sie verantwortlich und habe nur sie.«

Louis Deleas, ein weiterer Freund des Schriftstellers, Buchhändler in Rabat und Gelegenheitsdichter, erhielt 1943 aus den Händen des Autors selbst ein Exemplar des *Kleinen Prinzen*. Er berichtet, beim Lesen habe er geglaubt, eines der typischen Gespräche zwischen Antoine und Consuelo zu hören. Abgesehen von den offensichtlichen literarischen Parallelen zwischen der Blume und der Ehefrau, kommt die überzeugendste Aussage von Robert Tenger, der Consuelos Buch *Oppède* in New York für das Verlagshaus Brentano herausgab und ihr in Paris als juristischer Berater zur Seite stand. Während der Jahre des Exils in den Vereingten Staaten verbrachte der Anwalt viel Zeit mit dem Paar und fand Gelegenheit, bezüglich des *Kleinen Prinzen* zu schreiben: »Ich bin überzeugt davon, dass Consuelo ihn moralisch und intellektuell zu diesem Buch inspiriert hat.«

Saint-Exupéry musste die Schrecken des Krieges und eine reale, physische Trennung erleben, um zu erkennen, dass er unzerstörbare Bande zu seiner Frau geknüpft hatte. Nie hörte er auf, ihr leidenschaftliche Briefe zu schreiben, zumindest bis zu seinem letzten Geburtstag, dem 29. Juni 1944, einen Monat vor seinem Tod. An diesem Tag verfasste er ein nicht datiertes Schreiben, das aber dank der folgenden Einleitung zeitlich leicht einzuordnen ist: »So, heute bin ich vierundvierzig geworden«, gefolgt von dem schon bekannten Versprechen, auf ewig ihr Gefährte zu bleiben. Je größer die Entfernung zwischen den beiden, umso rascher die Folge seiner Briefe. Der Briefwechsel setzte ein, als die beiden 1938 in Paris in getrennte Wohnungen zogen – Antoine in die Nähe des Bois de Boulogne, nur ein paar Schritte von Nellys Domizil entfernt – und intensivierte sich, als er *La Feuilleraie* für Consuelo mietete, einen kleinen Landsitz in Varennes-Jarcy, südöstlich der Hauptstadt im Wald von Sénart gelegen.

Zu dieser Zeit ertrug Consuelo schon seit drei Jahren mit tiefer Verbitterung Antoines Rückzug und gestand Suzanne Werth, sie sei »in tausend Stücke zerbrochen«, weil Nelly gewonnen habe. Dennoch zeigte sie ihren Kummer nur vor ihren Vertrauten und gab in ihrem Haus am Stadtrand von Paris weiterhin die rauschenden Abendgesellschaften, die sie so sehr liebte. Es kam vor, dass Antoine sie besuchen wollte, dann aber die vielen Wagen im Garten sah, eine Nachricht an die Tür heftete und wieder kehrtmachte.

In *Oppède* erinnert sich Consuelo wehmütig an das schöne Anwesen und schildert detailliert ihre Angorakaninchen-Zucht und die Entenschar, für die sie einen gewaltigen Teich gebaut habe, wobei sie den Lauf eines Baches umleitete. Madeleine Goisot, die sich häufig in der Villa aufhielt, sieht allerdings noch ganz genau einen bescheidenen Tümpel vor sich, auf dem einsam ein Vogel umherschwamm, und einen Käfig mit ein paar Kaninchen. Als Antoine und Consuelo sich auf den ersten Blick in *La Feuilleraie* verliebten, fragten sie sich noch, wie sie die Miete dafür aufbringen sollten. Doch das Geldproblem löste sich kurz darauf durch einen phänomenalen Vertrag für die Veröffentlichung von *Wind, Sand und Sterne* in den Vereinigten Staaten unter dem Titel *Wind, Sand and*

142

Stars, der Saint-Exupéry finanziell einigermaßen absicherte.

Dann folgte die Kriegserklärung. Consuelo sollte die Einsamkeit aller Soldatenfrauen kennen lernen, als Antoine einen befreundeten General einschaltete, um trotz eines Gesundheitszeugnisses, das ihn wegen der Spätfolgen seiner zahlreichen Unfälle für untauglich erklärte, eingezogen zu werden. So schaffte er es, als Pilot einer Fernaufklärertruppe zugeteilt zu werden, der in Nordfrankreich stationierten Staffel 2/33. Nachdem er zunächst nicht recht zum Zuge kam in diesem »merkwürdigen Krieg«, konnte er schließlich doch noch seine Fähigkeiten unter Beweis stellen und strafte die Mediziner Lügen, indem er Höchstleistungen wie den Tiefflug über Arras vollbrachte. Dieser Einsatz trug ihm das Verdienstkreuz ein und wurde zur Grundlage seines Romans *Flug nach Arras.*

Für die Freunde des Paares schien der Bruch zwischen den beiden jetzt endgültig zu sein, vor allem, nachdem Saint-Exupéry Consuelo, die ihm in seinem Quartier in Orconte einen Besuch abstattete, ohne Umstände wieder fortgeschickt hatte. Doch als im Juni 1940 die Schreckensnachricht kam, dass die Deutschen Paris besetzten, sorgte Antoine sich plötzlich um seine Frau und eilte nach *La Feuilleraie*, gerade noch rechtzeitig, um Consuelos kleinen Wagen mit Benzinkanistern voll zu laden und zuzusehen, wie sie sich dem Exodus nach Süden anschloss. Dies war ihre letzte Begegnung vor dem Wiedersehen in den Vereinigten Staaten im November 1941.

Consuelo fuhr zuerst Richtung Pau, wo sie sich möglicherweise durch die Nähe zu Spanien sicherer fühlte, während Antoines Staffel nach Nordafrika flüchtete, von wo sie zwei Monate später zurückkehrte. Wie alle demobilisierten Militärs – einmal abgesehen von den 1,8 Millionen Kriegsgefangenen – befand er sich in einem Zwiespalt: Sollte er in London zu den Anhängern des Freien Frankreich stoßen, oder auf eine Wiedergeburt des Landes unter der Regierung von Philippe Pétain warten? Von Algier aus nahm er Kontakt zu Nelly auf, um ihren Rat einzuholen. Bei seiner Rückkehr im August erwartete sie ihn dann in Marseille, um ihn nach Agay zu chauffieren. Während der folgenden Wochen fand er Trost in ihrer Gesellschaft, obwohl er wie es scheint keine Ahnung hatte, was aus Consuelo geworden war.

In Agay, das in der freien Zone lag, herrschte ein politisches Klima, in dem die Pläne anderer Piloten – nach Spanien zu gehen und von dort aus in England zu General de Gaulle zu stoßen – kaum auf fruchtbaren Boden fallen konnten. Die überwiegende Mehrheit des französischen Adels sah das Heil Frankreichs zunächst in Pétain, dem Marschall aus dem Ersten Weltkrieg, der monarchistische, antikommunistische und antisemitische Ansichten vertrat. Saint-Exupéry fand sich von Menschen umgeben, die wenig Neigung verspürten, Widerstand zu leisten, solange zwei Drittel des Landes unter der Gewaltherrschaft des Feindes standen. Nelly, beeinflusst durch ihre Freundschaft mit René de Chambrun, Lavals Schwiegersohn, teilte diese Meinung; desgleichen André Gide, Yvonne de Lestrange oder der Marinehauptmann Jean de Vogüé, der sich allerdings später in der Résistance hervortat.

Aus Antoines Familie trat einzig seine Mutter Marie dafür ein, den Kampf fortzusetzen, obwohl später auch Nelly und ihr Mann an der Seite der Aktivisten des Freien Frankreich kämpften. Gide wollte wie Malraux und zahlreiche andere Intellektuelle lieber abwarten, ob die Vereinigten Staaten sich entschließen würden, Deutschland den Krieg zu erklären. Von den großen Namen des Gallimard-Verlags trat nur Joseph Kessel schnell der Résistance bei. Andere schlossen sich der These an, Pétains Waffenstillstand habe Frankreich die vollständige Besetzung seines Territoriums und den Triumph des Kommunismus erspart.

In der Absicht, seine Erfahrungen in den Dienst des Staates zu stellen, begab Antoine sich in Begleitung Nellys nach Vichy, um über eine eventuelle Kandidatur für einen Regierungsposten zu verhandeln, den er dann jedoch ablehnte. Die Ernennung, die er ins Auge gefasst hatte – die eines französischen Abgesandten bei der US-Regierung –, fiel an René de Chambrun. In dem kleinen Thermalbad in der Auvergne, wo ein Heer von Beamten wie in Friedenszeiten seinem Alltagstrott nachging, herrschte ein konspiratives Klima. Doch diese stumpfe Bürokratie inspirierte den Schriftsteller zumindest zur Gestalt des Laternenanzünders im *Kleinen Prinzen*, jener Figur, die sinnlosen, überholten Anordnungen gehorcht, weil Befehl eben Befehl ist.

Nach einem letzten Besuch in Paris, um die Notizen zu *Wind, Sand und Sterne* an sich zu nehmen, nutzt Saint-Exupéry eine Einladung seines amerikanischen Verlags Hitchcock and Raynal, um sich nach New York einzuschiffen, wo er sich der Verbreitung des Werks widmet, das in den Vereinigten Staaten zum »Buch des Jahres« erklärt wurde und in Frankreich schon den Preis der *Académie française* erhalten hatte. Im Dezember 1940 geht er in die Emigration, nachdem er einige Tage bei seiner Mutter in Cabris, in der Nähe von Cannes, verbracht hat. Er bittet sie, auf Consuelo Acht zu geben und ihr zu helfen, falls sie sich in Not befindet. Solange seine Korrespondenz nicht vollständig zugänglich ist, lässt sich allerdings nicht mit Sicherheit sagen, ob er zu diesem Zeitpunkt überhaupt wusste, wo sich seine Frau aufhielt.

Schon während seines Kriegseinsatzes hatte er an die Großmut seiner Mutter appelliert, sie möge Mitleid mit der Zerbrechlichkeit und Verletzlichkeit seiner »armen kleinen Consuelo« haben, »die so schwach und so verlassen ist«. Auch hatte er sie gebeten, sie wie eine Tochter aufzunehmen, worauf die Mutter versprach, sie werde ihrer Schwiegertochter ihr Herz öffnen. Und sie lobte ihren Sohn, der alles in seiner Macht Stehende für Consuelo getan habe, »sogar über seine Kräfte hinaus« – ein Gefühl, das alle Freunde Saint-Exupérys teilten. Nach dem Krieg sollte sich Marie mit musterhafter Fürsorge um die Witwe ihres Sohnes kümmern. Doch im Jahr 1940 enthielten ihre Worte im Kern ihre ganze Gleichgültigkeit gegenüber einer Ehe, der niemand mehr eine Zukunft gab.

Das Reich der Felsen

Im April 1945 veröffentlichte Robert Tenger, damals verantwortlich für die französischen Publikationen des Verlags Brentano in New York, den von Consuelo de Saint-Exupéry verfassten Roman *Oppède*. Dieser teilweise von einem Ghostwriter geschriebene Bericht, in dem »das Irreale sich mit der Wirklichkeit zu mischen scheint«, erzählt von dem Jahr, das Consuelo in einer Gemeinschaft von Künstlern und Architekten in einem Dorf in der Provence verbrachte, im Luberon-Massiv in der Nähe von Apt. In Armut und mit knurrendem Magen richtete sich die Gruppe, die von Bernard Zehrfuss angeführt wurde, einem Freund und Bewunderer Consuelos aus der Pariser Zeit, in den Ruinen des hoch gelegenen Dorfes ein und versuchte das Schloss aus dem dreizehnten Jahrhundert wiederaufzubauen. Als Consuelo ein Jahr später Oppède verließ, um in New York, wo sie im November 1941 eintraf, zu Saint-Exupéry zu stoßen, versprach sie ihren Freunden, ihre Geschichte zu erzählen. Im Mai 1944 schickte sie die ersten Kapitel an Antoine, der ihr von seiner Basis in Algier aus antwortete: »Meinen Glückwunsch. Ich werde für Sie das schönste Vorwort der Welt schreiben.«

Leider starb er, ehe das Buch abgeschlossen war, doch in dem Moment, als er dieses Versprechen gab, hatte er Consuelo erneut seine leidenschaftliche und ewige Liebe geschworen. Als sie sich in New York versöhnten, hatte sie in einem Tagebuch, dass sie täglich aktualisierte, bereits die großen Linien ihres Berichts zu Papier gebracht. Wahrscheinlich las Antoine tief bewegt, wie sie durch Südfrankreich geirrt war, von Pau nach Marseille, um schließlich in Oppède zu landen und sich in einem Projekt zu engagieren, das umso bemerkenswerter schien, als es zu dieser Zeit schon eine Leistung war, Papier und Bleistift aufzutreiben.

Vielleicht hat ja die alte Angewohnheit des Paares,

sich gegenseitig zur Eifersucht zu reizen, in beiden einen Besitzerinstinkt geweckt. In ihrem Buch stellt Consuelo sich unter dem Vornamen Dolores – spanisch für »Schmerz« – vor und lässt sich ganz offen über die starken Gefühle aus, die Zehrfuss für sie hegt und denen sie nicht ganz gleichgültig gegenübersteht. Zugleich verzehrt sie sich nach ihrem Piloten, dessen Namen sie nicht enthüllt, und erwartet mit Ungeduld den Moment, in dem sie ihm ins Exil folgen kann. Täglich schreibt sie ihm Briefe, die sie nicht abschickt, weil die Postbeförderung über den Atlantik nicht besonders verlässlich ist. Stattdessen legt sie sie in eine geheime Grotte.

Zehrfuss, einer der drei Architekten, die 1958 das Unesco-Gebäude errichten sollten, war wohl wie alle anderen Bewunderer Consuelos fasziniert von dem vulkanischen Temperament seiner salvadorianischen Freundin, obwohl er zehn Jahre jünger war als sie. *Oppède* endet mit einem Brief Bernards, dessen letzter Absatz eine Besessenheit verrät, die Antoine zu denken gegeben haben mag: »Bei Nacht erbauen sich die Städte meiner Träume von selbst, und sie sind bevölkert von Frauen und Statuen, die dir ähneln.«

Saint-Exupéry hatte keine Gelegenheit mehr, die vollständige Fassung des Werkes zu lesen. Gewiss hätte ihn ein offenkundiger Umstand verblüfft, den er nicht zu träumen gewagt hätte: Sich selbst überlassen und in widrigen Umständen vermochte die zerbrechliche Consuelo ihr Leben bemerkenswert tüchtig zu organisieren und kam ganz ausgezeichnet ohne Galaempfänge, Abendgesellschaften und Diners aus, die angeblich so lebenswichtig für sie waren. Ihre Stellung als Älteste in dieser winzigen Truppe idealistischer

Künstler verlieh ihr von Anfang an eine gewisse Autorität, die sie zu nutzen wusste, um sich Gehör zu verschaffen. Auch übernahm sie in dem Lager die Rolle der Erzählerin, wo ihre fantastischen Geschichten ihr mehr Erfolg eintrugen als bei Antoines Freunden. So schreibt Consuelo über Pivoulou, die junge Frau, die ihr in der Gruppe am liebsten ist: »Ich erzählte ihr von meinem Leben in El Salvador, in Mexiko, in Nordamerika und in China. Sie wusste genau, dass ich niemals in China gewesen war, aber trotzdem gefielen ihr meine chinesischen Geschichten am besten.«

Einige Passagen des Buches weisen eine derartige Ähnlichkeit mit dem barocken, biblischen Stil auf, dessen sich Saint-Exupéry in der *Stadt in der Wüste* bedient, dass man sich fragen muss, ob es sich um Auszüge aus Briefen des Schriftstellers handelt, oder ob Consuelo hier ihr Talent zur Nachahmung eines literarischen Stils beweist. Zum Beispiel der folgende Absatz: »Ich gehöre zu denen, die ein für alle Mal den Weg zum Schatz über den Schatz selbst gestellt haben. Gern würde ich den größten Träumer unter den Abenteurern begleiten, der sich auf den Weg zu einem unbekannten Schatz macht, und ich würde ihm durch das gefährlichste Gelände folgen, wenn ich in der Macht seines Traumes den Menschen spürte. Ich liebe die Tatkraft, die der Schatz verleiht; ja sie ist für mich der Schatz selbst: eine Stadt erbauen, eine Bewegung schaffen, Menschen zusammenführen und die Hoffnung nähren, eines Tages etwas zu erreichen, das höher steht als wir selbst.«

Auch Consuelos Kindheits- und Jugenderinnerungen, die die magischen Bilder ihrer Heimat heraufbeschwören, sind in diesen Abenteuern stark vertreten:

»In Mexiko gibt es Monumente, die sprechen, Pyramiden, die sich drehen, Blätter, die pfeifen, und die verlorenen Augen der *Venados*, der Hirsche, wirken wie tiefschwarze, trockene Körner. Die Indios erzählen, dass sie wirklich Samenkörner sind, diese Augen, und dass daraus echte Bäume wachsen, wenn man ihnen den steinigen Boden sucht, den sie brauchen. Dann wachsen ihre grünen Zweige bis in den Himmel, und wer von ihren Blättern isst, wird niemals den Verstand verlieren.«

Natürlich erwähnt sie auch die düsteren, von einer schlafenden, bösen Kraft bewohnten Vulkankegel: »In meiner Heimat kommt der Stein aus den Vulkanen. Die Vulkane sind die Wunden der Erde, und ab und zu blutet die Erde wie die Frauen, wenn ihre Zeit gekommen ist. Das ist ganz natürlich. Aber wenn die Erde nicht mehr brennt, wenn sie im Inneren nicht mehr lebendig ist, wenn sie traurig wird, dann verwandelt das Blut der Vulkane sich in Stein.«

Ob Consuelo wohl Tenger um Hilfe gebeten hat, diese ausgefeilten, bildreichen Vergleiche auf Französisch zu formulieren? Sie klingen wie die Aussagen eines Zeitzeugen, dem der Krieg, der kaum erwähnt wird, weniger spektakulär erscheint als die Umwälzungen der Natur. Welches Mysterium mag in ihrer Stimme mitgeschwungen haben, wenn sie die Legenden ihrer Heimat erzählte? Saint-Exupéry hat sie verzaubert, und Henri Jeanson bewog sie zu den Worten, dass sie »Saint-Exupéry rührte, ihn faszinierte. Kurz gesagt, er betete sie an.«

»Derselbe Junge, der Sie
einst geliebt hat ...«

Während Consuelo ihr Abenteuer in Oppède erlebte, suchte Nelly Antoine mehrere Male in New York auf. Schließlich überredete er sie, die Formalitäten einzuleiten, damit Consuelo ein Einreisevisum für die USA erhielt. Eine Bitte, die Nelly als flehentlich empfand, denn sie glaubte, Antoine habe Angst, eine Saint-Exupéry könnte den Namen der Familie entehren und den Avancen der Deutschen unterliegen. In Bezug auf Oppède, das in der freien Zone und im allertiefsten Hinterland lag, erscheinen Nellys Befürchtungen übertrieben. Schließlich wäre Consuelo mit einem solchen Verhalten ein großes Risiko eingegangen.

Nur wenn man Saint-Exupérys im Exil entstandenes literarisches Werk liest, begreift man, wo die Prioritäten seines emotional vielschichtigen Lebens lagen. In der Öffentlichkeit vermittelte er den Eindruck, über Scharen von jungen, hübschen Frauen zu verfügen, die ihn begleiteten, wenn er ausging. Doch privat wandte er sich instinktiv an Nelly, wenn er moralische Unterstützung brauchte, vor allem weil er wusste, dass nur sie allein die intellektuellen Qualitäten und ein persönliches Interesse besaß, als Zuhörerin den mühsamen Fortschritt der *Stadt in der Wüste* zu begleiten.

Im November 1941 trifft Consuelo in den Vereinigten Staaten ein. Nach dem Jahr in Oppède geht sie in Hoboken, New Jersey, anscheinend völlig mittellos an Land. Dennoch ist sie mit Gepäckstücken beladen, als Saint-Exupéry sie am Hafen abholt. Antoine wird von Jean-Gérard Fleury begleitet, einem Veteranen der *Aéropostale*, dessen Reaktion auf das Wiedersehen mit Consuelo zeigt, dass sie nichts von ihrem überschäumenden Temperament eingebüßt hat: »Auf der Rückfahrt lauschen wir hingerissen dem Zwitschern dieses schönen Tropenvogels. Consuelo erzählt von ihrem Leben in Oppède, einem verlassenen Dorf, das sie zusammen mit einer Gruppe von idealistischen Schwärmern wieder zum Leben erweckt hat. Und wie immer ist ihre Erzählung farbig und voller märchenhafter Abenteuer. Man müsste ihren spanischen Akzent wiedergeben können, ihre Mimik und ihr Augenrollen, um zu beschreiben, wie amüsiert und leicht verzaubert wir ihr lauschten.«

Doch statt seine Frau mit zu sich zu nehmen, bringt Antoine sie in eine andere Wohnung auf derselben Etage – nahe genug, um sie zu beschützen, aber ausreichend weit entfernt, um nicht ständig ihrem anstrengenden Redestrom ausgesetzt zu sein. Sobald Consuelo sich eingerichtet hat, nimmt sie von neuem Kontakt mit den spanischen Emigranten auf, die sie in Paris aus den Augen verloren hat, vor allem mit Dalí und Miró. Sie trifft Maurice und Célisette Maeterlinck wieder, die im selben Gebäude leben. Zum Kreis ihrer Freunde gehören auch die Surrealisten Max Ernst und André Breton, deren schulmeisterliche Reden Antoine in die Flucht schlagen. Einer der wenigen Menschen, der von beiden akzeptiert wird, ist der Schweizer Schriftsteller Denis de Rougemont, der bei Consuelo an die Stelle von Bernard Zehrfuss tritt, während Saint-Exupéry seine Beziehungen zu mehreren verführerischen Bewunderinnen weiterpflegt.

Er steckt in einem Wirbelsturm von Aktivitäten:

Neben der Arbeit am ersten Entwurf zu *Flug nach Arras* führt er die *Stadt in der Wüste* fort, die er für das Werk seines Lebens hält, außerdem ist er als Berater für die amerikanische Armee tätig und nimmt intensiv am Gesellschaftsleben teil. Bei alldem rechnet er fest mit der Anwesenheit seiner Gefährtin, wann immer er sie wünscht. Doch Consuelo vermag sich Saint-Exupérys Ansprüchen nicht besser als in Paris zu beugen, und bald verfallen die beiden wieder in die Gewohnheit der alten Vorwürfe und Eifersuchtsszenen. Consuelos vollständige Unfähigkeit, eine Verabredung einzuhalten, ist Anlass für unzählige Zettel, die Antoine unter der Tür seiner Frau hindurchschiebt. Darin beschreibt er sich als »einsam, verloren und verbittert« und wirft ihr vor, ihn unnötig zu beunruhigen: »Tief in meinem Inneren bin ich noch derselbe Junge, der Sie einst geliebt hat, aber auch in Ihnen wohnt noch dieselbe Consuelo, die das Haus leer stehen ließ.«

Da Saint-Exupéry nie darauf achtete, seine Post zu datieren, lassen sich diese Rügen kaum zeitlich einordnen. Das gilt auch für jenen Brief, in dem er Consuelo vorwirft, er habe fast einen Herzanfall erlitten, als sie nachts nicht nach Hause gekommen sei. Er will ihr bewusst machen, welchen Albtraum er erlebt hat, als er schlaflos darauf wartete, dass sie kam, um ihm eine gute Nacht zu wünschen: »Wenn Sie sich meine Qual und Angst vorstellen könnten, würden Sie mir das niemals antun. Du hast mich unendlich müde und verzweifelt zurückgelassen, und das macht dir nichts aus. Wenn ich auf dich baue, dann liegt vielleicht nur eine Zukunft aus Eis und Schnee vor mir.«

Wir wissen nicht, ob das Paar, das inzwischen Anfang vierzig war, noch körperliche Beziehungen unterhalten hat. Consuelo, die auf diesem Gebiet sonst ziemlich mitteilsam war, hielt was Antoine betraf sehr auf Diskretion. Dafür belegen Aussagen von Zeitzeugen, dass sich der Schriftsteller nach ihrem Wiedersehen fürsorglicher denn je um seine Frau bemühte. Nach einem Überfall von Gangstern, die es auf ihre Handtasche abgesehen hatten, verbrachte Consuelo achtundvierzig Stunden in einer Klinik, wo der traumatisierte, panische Saint-Exupéry nicht von ihrem Bett wich. Trotz ihrer häufigen Szenen, bei denen Consuelo immer noch von Scheidung sprach, argumentierte Antoine gegen diese Lösung. Und nicht etwa aus kleinlichen finanziellen Motiven, sondern eher aus einem nostalgischen Respekt gegenüber den Geboten der katholischen Kirche und aus dem Wunsch, seine Mutter nicht zu kränken, die ihre eigene Ehe mehr aus Pflichtgefühl, denn aus freier Wahl eingegangen war. Dort, wo er herstammte, heiratete man eher aus wirtschaftlichen Gründen als aus Liebe, und in den meisten Fällen duldete man Mätressen oder Liebhaber, solange die Diskretion gewahrt blieb.

Keine dieser Überlegungen ist mit der literarischen Herangehensweise und der Moral des eigensinnigen Mannes vereinbar, der in *Südkurier* zum ersten Mal über die absolute Notwendigkeit eines Engagements in der Ehe schreibt. Selbst wenn er dieses Thema in seinen späteren Büchern nur verhüllt anspricht, macht er es in *Die Stadt in der Wüste*, das er 1936 beginnt, wiederholt zum Gegenstand seiner Analysen. Die ersten Freunde, die er zur Unterstützung dieses ehrgeizigen literarischen Projekts zu überreden versuchte, Drieu la Rochelle und Benjamin Crémieux, waren so verblüfft über den gewundenen Stil, dass sie ihm rieten, lieber bei der Form des Romans zu bleiben. Doch genau wie der Druck seiner Umgebung, Consuelo zu verlassen, übte die Missbilligung seiner Freunde eine gegenteilige Wirkung auf Saint-Exupéry aus, und er fuhr fort, das Buch zu erweitern, das er bis zu seinem Tod sein »postumes Werk« nannte.

Das Werk hätte für immer im Stadium eines ersten Entwurfes, einer Folge philosophischer Überlegungen, verharren können, wenn Nelly und Simone de Saint-Exupéry sich nach dem Krieg nicht um die maschinengeschriebenen Dokumente und deren Veröffentlichung gekümmert hätten. Die Mehrzahl der sechshundert Seiten, deren erstaunlicher Ton halb an den Koran, halb an die Bibel erinnert, sind für eine Biographie Consuelos weitgehend ohne Interesse, bis auf einige Anmerkungen zur Ehe, die einem totalitären, aber wohlwollenden Herrscher in den Mund gelegt werden. Man könnte vermuten, dass diese Anmerkungen über den Wert unauflöslicher Bindungen zwischen erwachsenen Menschen nach dem Wiedersehen der beiden Eheleute in New York verfasst wurden, vielleicht kurz danach.

Eine wichtige Passage drückt das Verlangen des Anführers aus, »der Liebe Dauer zu verleihen«, und setzt sich in einer merkwürdig gewundenen Sprache fort: »Nur dort gibt es Liebe, wo die Wahl unwiderruflich ist, denn man muss Grenzen haben, um werden zu können. Und die Freude am Hinterhalt und an der Jagd und an der Beute ist anderer Art als die

Freude an der Liebe ... Du hast den Sinn, Ehemann zu sein. Und die Frau soll Ehefrau sein.«

Der Wüstenbewohner hebt das Wort »Ehefrau« hervor, das, wie er sagt, tiefere Bedeutung annimmt, wenn man aus ernstem Herzen sagt »meine Frau«. Und weiter: »Doch du entdeckst andere Freuden. Und freilich auch andere Leiden. Sie aber sind Voraussetzung deiner Freuden. Du kannst sterben für diese Frau, da sie dir gehört, so wie du ihr gehörst ...«

Das Werk enthält eine Vielzahl von Anspielungen auf die eheliche Liebe, die auf Grund der mehrdeutigen Sprache manchmal nur schwer zu entschlüsseln sind, und andere, die sich als leuchtende Botschaft seines Verständnisses für Consuelos Schwächen hervorheben. So steht der Anführer hilflos vor der »singenden Grausamkeit« und den Lügen der Frau, die »Gott mir sandte«, die sich ihm zu Füßen wirft und untröstlich darüber ist, dass man ihr die Lügen nicht glaubt.

»Und doch hat sie etwas Rührendes an sich; in der Nacht ihres Herzens schlägt sie sich die Flügel blutig, und sie hat Angst vor mir wie die jungen Wüstenfüchse, denen ich Fleischstücke hinhielt und die zitterten und schnappten und mir das Fleisch aus den Händen rissen, um es in ihre Höhlen zu tragen ... Und doch schnitt mir die Grausamkeit Gottes ins Herz.«

Und er fleht zum Herrn: »Hilf ihr zu weinen! Schenke ihr Tränen, damit sie ihrer selbst überdrüssig wird und sich an meine Schulter lehnt: Es ist gar keine Müdigkeit in ihr.«

Ein bewegender Auszug, der für die Freunde des Paares vertraut klingen müsste, denn sie waren daran gewöhnt, Zeugen von Antoines fassungsloser Verlegenheit zu werden, wenn Consuelo wieder einmal vehement und viel zu laut ihre Unschuld beteuerte. Meistens flüchtete sie sich dann plötzlich in einen Hustenanfall, dessen Ursache vielleicht ihr Asthma war, das durch die Luftverschmutzung in der amerikanischen Großstadt noch verschlimmert wurde. Saint-Exupéry hasste das hysterische Geschrei seiner Frau, das ihn ratlos und verbittert zurückließ und, wie er ihr schreibt »mit Groll erfüllte, weil es genau solche Szenen wie zu Weihnachten [1942] sind, die mir wochenlang jede Kraft zu arbeiten rauben.«

Man kann sich fragen, ob die Frau, von der Vasconcelos' Freunde behaupteten, sie füge anderen gern Verletzungen zu, absichtlich mit Antoines Empfindsamkeit spielte. In einem Brief weist Saint-Exupéry auf ihre negative Neigung hin. Er hält ihr vor, ihn aufzuwecken, um ihm mit sanfter Stimme äußerst schmerzliche Dinge zu sagen, so dass er die Zähne zusammenbeißen muss, um nicht zu antworten. Doch wenn ihm ein Wort des Zorns entschlüpft, triumphiert sie. Er beendet seine Vorwürfe mit einer Frage: »Warum kann ich nichts von Ihnen erwarten, ich, der ich Ihnen so viel auf der Welt geopfert habe?«

Diese verzweifelten Worte sollten jedoch die Flut leidenschaftlicher Briefe nicht unterbrechen. So der folgende: »Consuelo, heute Abend werde ich Ihnen einen Liebesbrief schreiben. Trotz all der Verletzungen, der Worte, die Sie nicht verstehen, der Appelle, die an den Fenstern ihres kleinen, verschlossenen Geistes zerschellen. Denn manchmal kann ich mich vor Liebe nicht halten, einer Liebe, die niemals ihren Weg gefunden hat. In Ihnen wohnt jemand, den ich liebe und dessen Freude so frisch ist wie Sommer-klee.«

Ob bewusst oder unbewusst, Saint-Exupéry richte-te eine letzte Bitte an Consuelos kleines, verschlosse-nes Herz. Er schrieb den *Kleinen Prinzen* und schloss sie zusammen mit ihm in eine Fabel ein, die am Fuß der Vulkane ihrer Kindheit beginnt und im Schwei-gen der Wüste endet, das Antoine so teuer ist.

7. KAPITEL

Denis, der Fuchs

Im *Kleinen Prinzen* stecken zwei Fabeln, zwei Gleichnisse. Das eine stellt eine Kritik an der modernen Gesellschaft aus dem Blickwinkel eines Kindes dar, das unfähig ist, das Benehmen und die Schwächen der Erwachsenen zu verstehen. Materialismus, Tyrannei und Unmenschlichkeit – Geisteshaltungen, die Antoine in privaten Schriften und Beiträgen, die während seines USA-Aufenthalts oder nach seinem Tod veröffentlicht wurden, einfühlsam analysiert. Das zweite Thema ist die Erkenntnis des Kleinen Prinzen, dass er weiterhin für seine Rose verantwortlich ist, selbst wenn der anspruchsvolle Charakter seiner Blume den Anlass zu seiner Flucht gegeben hat; er verlässt seinen Planeten, um zu entdecken, dass es Tausende von Rosen gibt, die der seinen gleichen. Erst nach seinem Zusammentreffen mit dem Fuchs begreift er, dass die Blume, die er besitzt, einzigartig ist, weil sie ihn »gezähmt« hat. So beschließt er, auf seinen Asteroiden zurückzukehren, um für sie zu sorgen. Lange hat man über die Identität des Freundes spekuliert, der den Autor zu den schönen, weisen Maximen des Fuchses inspiriert hat: »Das Wesentliche ist für die Augen unsichtbar« oder »Die Zeit, die du für deine Rose verloren hast, sie macht deine Rose so wichtig«.

Eine der geläufigsten Interpretationen lautet, der Scharfsinn des Fenneks resultiere aus einer Verschmelzung von Nellys intelligenten Ratschlägen und der Fürsorge von Silvia Hamilton, einer eher reservierten jungen Amerikanerin, der Saint-Exupéry das Originalmanuskript des *Kleinen Prinzen* schenkte. Aber Nelly befand sich in Frankreich, als Antoine seine Fabel schrieb. Und man kann sich fragen, ob sie diese Apologie der ehelichen Pflichten gebilligt hätte, selbst wenn sie einsah, »dass man Antoine nur unterstützen konnte, indem man Consuelo half«. Silvia ihrerseits hat niemals behauptet, auch nur eine Zeile zu dem Buch beigetragen zu haben; unter anderem, weil sie kein Französisch sprach.

Will man in der Weisheit des Fuchses den Einfluss einer dritten Person sehen, dann bleibt nur ein einziger ernsthafter Kandidat für die Rolle des Ratgebers übrig: der Schweizer Schriftsteller Denis de Rougemont, ein eleganter Mann von unbestreitbarem Charme und Autor eines Werks über die Probleme der Ehe: *Die Liebe und das Abendland.*

Während seines Exils in New York, ehe er in seine Heimat zurückkehrte, um sich für ein vereintes Europa einzusetzen, war das Leben des Schweizer Intellektuellen und Sohn eines Pfarrers eng mit dem der Saint-Exupérys verbunden. Sie waren Nachbarn und lebten nur hundert Meter voneinander entfernt, weshalb er häufig den Vermittler bei ihren ehelichen Differenzen spielte. Wie alle Freunde des Paares sah er sich mitten in der Nacht Anrufen und Besuchen ausgesetzt, was ihn zu dem Ausspruch bewog: »Ihr seid kein Paar, sondern ein ständiges Komplott gegen den Schlaf eurer Freunde.«

Bis 1936 war de Rougemont Lektor an der Universität Frankfurt gewesen, während seines Aufenthalts in den USA unterrichtete er dann an der Freien Hochschule in New York und betreute die französischen Sendungen der *Stimme Amerikas*. Sein Witz und seine Bildung machten ihn zu einem idealen Gesprächspartner und Schachgegner für Antoine, mit dem er unendliche Partien spielte. 1942 war er sechsunddreißig Jahre alt und kannte aus eigener Erfahrung die Probleme einer Ehe, so dass er sensibel für die Konflikte war, die Antoine und Consuelo gegeneinander aufbrachten. Genau wie Antoine liebte er es, mit seinem Gegenüber lang und breit über kontroverse Fragen zu debattieren, und man kann sich vorstellen, dass sie gemeinsam ihre Ehekonflikte analysierten.

Die Liebe und das Abendland, 1939 erschienen, behandelt Liebe und Ehe ausgehend vom Typus der extremen Leidenschaft, wie sie im Mythos von Tristan und Isolde dargestellt wird. Der Autor beschreibt das Gefühl als unausweichliches Schicksal, dem die Opfer nicht entrinnen können, außer sie fliehen aus der Welt, wie sie ist; denn die Liebenden können nur im Tod zusammenkommen.

Niemand, der eine turbulente Ehe führt, kann *Die Liebe und das Abendland* lesen, ohne sich die Frage zu stellen, in welchem Maße er selbst für das Scheitern der Beziehung verantwortlich ist, oder über die wahre Natur der Verbindung nachzusinnen. Das Werk bot Antoine Stoff zum Nachdenken über die Leidenschaft, die ihn in die überstürzte Ehe mit Consuelo getrieben hatte, und über die Unfähigkeit der beiden, harmonisch zusammenzuleben.

»Die Liebe, im Sinne von Leidenschaft, ist also das Gegenteil von Leben! Sie ist eine Verarmung des Seins, eine Askese ohne Jenseits, eine Unfähigkeit, die Gegenwart zu lieben, ohne sich ihre Abwesenheit vorzustellen, eine ziellose Flucht vor der Vereinigung«, schreibt de Rougemont. Hätte der Autor Consuelo zu Vasconcelos' Zeiten gekannt, hätte sie seine Verweise auf das monotone Schema der Leidenschaft und ihrer heimlichen Tricks inspirieren können; eine schwache Leidenschaft, die Hindernisse erfindet, um sich davon zu nähren: »Ich denke an die Psychologie der Eifersucht, die unsere Analysen stört; die erwünschte, absichtlich hervorgerufene und sorgfältig gepflegte Eifersucht – die Koketterie ist ein wenig einfach. Schließlich wünscht man sich sogar, das geliebte Wesen möge untreu werden, damit man es von neuem umwerben und sich geliebt fühlen kann.« Aber nach Meinung des Autors sind Ehe und romantische Liebe nicht nur unvereinbar, sondern widersprechen einander: »Die romantische Liebe nährt sich von Hindernissen, von kurzen, aufregenden Begegnungen und Trennungen; im Gegensatz dazu besteht die Ehe aus Gewohnheit, aus täglicher Nähe.« Hier findet man die Bedeutung jener Bande wieder, die der Fuchs beschreibt. Dennoch spricht sich de Rougemont eindeutig und um jeden Preis für die Ehe aus und begründet dies folgendermaßen: »Das Paar stellt die Keimzelle der Gesellschaft dar. Es besteht aus zwei Wesen, die ihre eigenen, verschiedenen Gesetze besitzen, sich aber entschließen, eine Einheit zu bilden, ohne miteinander zu verschmelzen, ohne sich zu trennen oder unterzuordnen.«

Ein weiterer kurzer Auszug dieser fünfhundertseitigen Abhandlung enthält jene Überlegung, für die der Fuchs so poetische Worte findet, als der Kleine Prinz sich entschließt, zu seiner Rose zurückzukehren: nicht seine Leidenschaft, sondern sein Verantwortungsgefühl bestimmt sein Verhalten. Bei de Rougemont heißt es: »Eine Frau zu seiner Gattin zu erwählen, heißt, zu Fräulein Sowieso zu sagen: ›Ich will mit Ihnen leben, so wie Sie sind.‹ Denn das bedeutet in Wahrheit: Ich wähle Sie aus, um mein Leben mit Ihnen zu teilen, und dies ist der einzige Beweis dafür, dass ich Sie liebe.

Nur eine Entscheidung von dieser Art – irrational, aber nicht emotional, nüchtern, jedoch ohne Zynismus – kann den Ausgangspunkt wirklicher Treue bilden. Und ich meine nicht die Treue als Rezept für das Glück, sondern eine Treue, die lebbar ist.«

Laut de Rougemont sollte sich ein Paar entscheiden, »sein Drama zu leben und beschließen, in dieser sich ständig wandelnden, immer wieder überraschenden Spannung zu existieren.« Und er setzt hinzu: »Ich berufe mich auf den Satz von Heraklit: ›Das Entgegengesetzte wirkt zusammen, und aus dem Kampf der Gegensätze erwächst die schönste Harmonie.‹« Oder, wie im Fall von Antoine, das Buch vom Kleinen Prinzen.

Diese intellektuellen Vorstellungen von der Ehe waren die perfekte Ergänzung zu Antoines eigener Argumentation. Immer stärker musste er sich gegen jene durchsetzen, die ihn bedrängten, Consuelo zu verlassen. Die Theorie einer bewussten Wahl auf der

Grundlage einer überlegten Haltung, die sich über ihre Pflichten klar ist, war wohl überzeugender als die Begründung durch spirituelle oder religiöse Werte, die er nicht länger achtete.

Hat Denis de Rougemont einen noch direkteren Einfluss auf den Stil und den Text des *Kleinen Prinzen* ausgeübt? Der Zorn auf die Rose, der in den ersten Entwürfen deutlich spürbar ist, scheint sich abzuschwächen, je mehr Zeit die beiden Schriftsteller und Consuelo zusammen verbrachten. Außerdem beherrschte de Rougemont meisterlich jene Art von Aphorismen, wie sie Saint-Exupéry verwendet, was vermuten lässt, dass er Antoine bestärkte, sich auf einfache, kurze Formeln zu konzentrieren, die so ganz anders klingen als das byzantinische Gedankengebäude der *Stadt in der Wüste*. Auch dies würde beweisen, dass Saint-Exupéry beim Verfassen des *Kleinen Prinzen* keinerlei Vorbehalte hegte, Ratschläge oder Arbeitsmethoden anzunehmen, die andere Autoren ihm empfahlen.

Paul-Émile Victor, ein Landsmann und Freund Denis de Rougemonts, zeigte Antoine zum Kolorieren seiner Skizzen eine Pastelltechnik, bei der die Farben mit einem feuchten Pinsel verwischt werden. Er hatte diese Art der Malerei bei den Illustrationen des Kinderbuchs eingesetzt, das er unlängst geschrieben hatte: *Apoutsiak, le petit flocon de neige*. Den fertigen *Kleinen Prinzen* bekam er erst nach dem Tod des Autors zu sehen, stellte jedoch geschmeichelt fest, dass Antoine seine Ratschläge in die Praxis umgesetzt hatte. Und er entdeckte eine seltsame Ähnlichkeit zwischen den letzten Seiten der beiden Werke: Die eine zeigt die triste Landschaft einer Sandwüste unter ei-

nem einzigen Stern, und die andere eine Schnee-
landschaft unter einem sternenübersäten Himmel.
Die Analogie beschränkt sich nicht nur auf die Zeichnungen, denn auch die Geschichte Apoutsiaks endet
mit dem Tod des kleinen Eskimos: »Mit seinen
Grübchen und seinem Lächeln, die Augen voller
Sterne, ging er ins Paradies ein.«

Trotz der langen Diskussionen mit de Rougemont
und trotz hellsichtiger Analysen vermag Antoine sich
nicht für eine einfache Lösung nach dem Beispiel des
Kleinen Prinzen zu entscheiden, der beschließt, seine
Rose zu ehren, nachdem er die Lektion des Fuchses
begriffen hat. Sobald er von Consuelo, der »unvoll-
kommenen Ehefrau« aus der *Stadt in der Wüste*, getrennt ist, setzt er die Idealisierung ihres Wesens fort,
gestaltet es nach seinen Träumen um und erwartet
von ihr ein Verhalten, das mit der wirklichen Person
unvereinbar ist.

Andererseits kritzelt, kaum dass er einen vor Anbe-
tung überfließenden Brief an sein »leuchtendes kleines Mädchen« beendet hat, sein Alter Ego, der Ber-
berführer aus der *Stadt in der Wüste*, Gebote in sein
Heft, welche die ehebrüchige Frau geißeln und ihre
Steinigung empfehlen.

Wäre der Kleine Prinz während der letzten fünf
Jahre seines Lebens an Antoines Seite gewesen, hätte
er zweifellos jeden Tag bemerken können: »Die großen Leute sind entschieden sehr, sehr wunderlich.«

Die wahre Liebe meines Mannes

Die Erinnerungen von Denis de Rougemont und André Maurois, der ebenfalls in New York im Exil lebte, liefern die besten Zeugnisse über den Stand der Ehe der Saint-Exupérys während der Entstehung des *Kleinen Prinzen*. Der kleine amerikanische Verlag *Hitchcock and Raynal* hatte das Buch ursprünglich zu Weihnachten 1942 herausbringen wollen, um an den Erfolg von *Flug nach Arras* anzuschließen. Doch Antoine widerstand dem Drängen, sein Werk möglichst schnell abzuschließen. Während des Sommers 1942 mietete er sich mit Consuelo in einem auf Pfählen errichteten Holzhaus in Westpoint, Connecticut, ein. Dort machte er sich an die Arbeit und nutzte die Ruhe und das wohltuende Meeresklima. De Rougemont machte eine Woche Ferien bei den beiden: »Zu jeder Tages- und Nachtzeit gingen wir schwimmen und spielten anschließend Schach auf der Veranda.«

Consuelo hingegen fand das Häuschen zu bescheiden und machte sich auf die Suche nach einer imposanteren Residenz. Im September zogen die Saint-Exupérys in das Anwesen Bevin House in Northport, zwei Stunden von New York entfernt, so dass de Rougemont die Wochenenden in dieser gewaltigen Villa, die er mit Vergnügen erforschte, verbringen konnte: »Consuelo hat das Haus entdeckt, ja man könnte meinen, sie hätte es erfunden. Riesig ist es und liegt auf einer Felszunge, die mit sturmzerzausten Bäumen bewachsen ist. Doch auf drei Seiten ist es sanft umgeben von verschlungenen Lagunen, die sich in eine tropische Insellandschaft erstrecken. ›Ich wollte eine Hütte, aber das hier ist Versailles‹, hat Tonio zuerst ausgerufen. Aber jetzt bekommt man ihn gar nicht mehr aus Bevin House heraus. Er hat wieder begonnen, an einer Kindergeschichte zu schreiben, die er selbst mit Aquarellen illustriert. Ich posiere für den Kleinen Prinzen, liege auf dem Bauch und halte die Beine in die Höhe.«

Auch Maurois verbrachte mehrere Wochen in Bevin House, wo er einen ständigen Besucherstrom erlebte, größtenteils französische und spanische Exilanten. Saint-Exupéry unterzog ihn nicht nur der »Romanplackerei«, sondern drängte ihm auch seine Gewohnheit auf, sich mitten in der Nacht in lange politische Diskussionen zu stürzen oder Karten zu spielen. Zwischen den Eheleuten schien eine angeregte Harmonie zu herrschen, und für einige Zeit wurde Consuelo wieder die aufmerksame Ehefrau, die sie 1931 während ihrer Flitterwochen in der Villa von *El Mirador* gewesen war. Maurois erinnert sich, zweimal in derselben Nacht von Antoines Gebrüll geweckt worden zu sein, der in seinem Arbeitszimmer im Erdgeschoss »Consuelo! Consuelo!«, rief, weil er plötzlich Appetit auf Rühreier bekommen hatte.

Alle Besucher von Bevin House sind sich einig, dass Consuelo ihren Mann während dieser Zeit mit Fürsorge und Rücksicht umgab. Vielleicht hat ja der Text des *Kleinen Prinzen* damit zu tun, dessen Entwicklung sie verfolgte und den sie vielleicht als Beichte und als Wunsch nach Versöhnung interpretierte. Wie damals in Nizza konnte sie von neuem einen kleinen Beitrag leisten, indem sie ihre Meinung zur Gestaltung der Illustrationen abgab. Adèle Breaux, Antoines Englischlehrerin, gehörte zu den Ersten, die die Skizzen des blonden Knaben zu sehen bekamen, und sie entdeckte darin sofort etwas, das sie an Consuelo erinnerte.

Antoine nimmt diese Phase vorübergehender Ruhe zum Anlass, ein langes Gebet zu schreiben, und bittet Consuelo, es zur Bekräftigung ihrer gegenseitigen Zuneigung jeden Abend vor dem Einschlafen aufzusagen:

»Herr, ich will dich nicht lange stören. Mach mich einfach so, wie ich bin. In kleinen Dingen wirke ich eitel, aber bei den großen bin ich bescheiden. Ich sehe aus, als wäre ich in Kleinigkeiten egoistisch, aber wenn es um Großes geht, kann ich alles geben, sogar mein Leben. Oft scheine ich in Kleinigkeiten unrein, aber glücklich bin ich nur in der Reinheit.

Herr, mach dass ich immer der Frau gleiche, die mein Mann in mir erkennt.

Herr, Herr, rette meinen Mann, weil er mich wirklich liebt, und weil ich ohne ihn zu einsam wäre. Aber gib, Herr, dass er als Erster von uns beiden stirbt. Denn er sieht ganz stabil aus, aber er ängstigt sich zu sehr, wenn er mich nicht im Haus lärmen hört. Herr, erspare ihm vor allem die Angst. Gib, dass ich immer Krach in seinem Haus mache, auch wenn ich dafür ab und zu etwas zerschlagen muss.

Hilf mir, treu zu sein und die Menschen nicht zu beachten, die er verachtet oder die ihn hassen. Das bringt ihm Unglück, weil er sein Leben auf mich gebaut hat. Herr, schütze unser Haus. Amen! Deine Consuelo.«

Nach der mehrmonatigen Atempause in der ruhigen Atmosphäre des Hauses in Northport setzten Antoine und Consuelo ihr Leben in New York fort, in einem weitläufigen, vierstöckigen Stadthaus am

Beekman Place, das einmal Greta Garbo eingerichtet hatte. Sofort zeigte sich wieder das jeweilige Naturell der beiden, und es herrschte von neuem jene aufreibende, von Streit und Szenen geprägte Stimmung, die beide dazu trieb, Zuflucht bei anderen Partnern zu suchen. So wurde Consuelo zur ständigen Begleiterin von Denis de Rougemont, und Antoine floh zu Silvia Hamilton, in deren Wohnung er die letzten Pinselstriche an den *Kleinen Prinzen* setzte, während er weiterhin in seinen Heften philosophische Gedanken über eine bessere Welt notierte, die für die *Stadt in der Wüste* bestimmt waren.

Doch die engstirnige Welt ließ ihn nicht in Ruhe. In New York nahmen ihn die Gaullisten unter Beschuss, die vor dem Vichy-Regime geflüchtet waren. Sie warfen Saint-Exupéry vor, sich seinen Pflichten bei der Verteidigung des Vaterlandes zu entziehen und beschuldigten ihn, insgeheim für den Marschall zu arbeiten. Tatsächlich verspürte Antoine inzwischen ein gewisses Misstrauen gegenüber Pétain, konnte sich aber nicht entscheiden, sich der Résistance anzuschließen, da er glaubte, offener Widerstand würde zu einer mörderischen Repression durch die Nazis führen und Hunderttausende von Opfern unter der Zivilbevölkerung fordern.

Mit der Landung der Alliierten in Nordafrika im November 1942 verschärfte sich sein Zwiespalt. Anfang 1943 schrieb er Consuelo – die sich jedoch nie sehr weit von ihm entfernt aufhielt – und erklärte ihr sein Bedürfnis, wieder in den Kampf einzutreten: »Ich habe mein Land immer von ganzem Herzen geliebt, aber ich weiß nicht, auf welcher Seite ich ihm am besten dienen soll. Mich treiben weder Ehrgeiz noch der Wunsch nach Reichtum oder etwas Ähnliches. Ich möchte mich einfach nützlich machen.«

Er bittet darum, wieder in seine alte Aufklärungsstaffel aufgenommen zu werden, und bereitet seine Abreise nach Europa vor. Als er bemerkt, dass Consuelo anscheinend keinen Gedanken an seine bevorstehende Mobilisierung verschwendet, ist er niedergeschmettert. Sie setzt ihr hektisches, aus Festen und Cocktails bestehendes Leben fort und ist nie anwesend, was Antoine in große Unruhe versetzt. Zutiefst verwirrt über diese »seltsame Wüste« in seinem Leben schüttet er einer New Yorker Freundin sein Herz aus: »Consuelo drückt für mich das ganze Pathos des Lebens aus. Wenn sie mich quält, dann sind ihre Gründe vielleicht falsch, aber weder eitel, kleinlich noch gemein.«

Am 29. März, laut seiner Reiseerlaubnis zwei Tage vor seiner Einschiffung nach Nordafrika, richtet er einen letzten verzweifelten Brief an seine Frau, die nicht das geringste Interesse an den Tag legt, seinen Seesack für die lange Reise zu packen: »Übermorgen, Mittwoch, werde ich einrücken. Den ganzen Tag lang habe ich mir den Kopf zermartert. Ich habe nicht ein Hemd ohne Loch für Nordafrika, keine Socken, keine Schuhe, nichts. Ich habe überlegt: ›Woher soll ich ein paar Sous nehmen?‹ Und da kommen Sie mit neuen Kleidern nach Hause ... Ich glaube, dass Sie ohne mich glücklicher sein werden, und für mich glaube ich, dass ich endlich im Tod meinen Frieden finden werde.«

Eine Hymne der Dankbarkeit

Mit Antoines Abreise ging wieder ein Abschnitt im sprunghaften Leben des Paares zu Ende, und eine neue Phase begann, in der Consuelo nach und nach zum Mittelpunkt einer überschwänglichen Zuneigung wurde. Als Antoine die USA verließ, wusste er seine Frau unter dem Schutz von Denis de Rougemont. Doch als er in Algier ankam, sah er sich einer anderen Art von Marter gegenüber. Nachdem er dank des energischen Einsatzes von Freunden wieder seiner alten Truppe zugeteilt worden war, untersagte man ihm den Einsatz unter dem Vorwand, er könne den amerikanischen Jäger P-38 Lightning, den er als Aufklärungsmaschine benutzen sollte, nicht fliegen.

Verwirrt versank er in einer langen Phase der Depression und wandte sich ganz selbstverständlich an Nelly de Vogüé, die im August, aus Gibraltar kommend, in einer amerikanischen Maschine eintraf. Ihr übertrug er die Aufgabe, die siebenhundert Seiten des ersten Entwurfs der *Stadt in der Wüste* zu lesen, und immer wieder appellierte er an sie, ihn bezüglich seines Stils und seiner Gesundheit zu beruhigen, bis sie im November 1943 nach London abreiste. Danach vermochten weder André Gide noch mehrere andere Bekannte aus der Vorkriegszeit, die sich ebenfalls in Algier aufhielten, Antoine von seiner Niedergeschlagenheit zu befreien. Seine Moral sank noch tiefer, als er sich bei einem Treppensturz am Rücken verletzte und schon fürchtete, wegen Invalidität aus der Armee ausgeschlossen zu werden. Doch schließlich wurde er, nachdem er acht Monate lang an den Boden gefesselt gewesen war, wieder zum aktiven Dienst zugelassen.

Er hatte diese Zeit erzwungener Untätigkeit dazu genutzt, sich seinen Schriften zu widmen und seine rege Korrespondez mit Consuelo fortzusetzen, die entweder mit langen Telegrammen oder knappen Postkarten antwortete. Zusätzlich zu seinen Briefen entwickelte er im komplizierten Gewebe der *Stadt in der Wüste* Bilder von Consuelo als einer »schlafenden Gattin«, die nicht perfekt ist, aber nichts von ihm zu fürchten hat: »Wenn ich sie um ihrer selbst willen betrachten wollte, werde ich sofort ihrer müde werden und anderswo auf die Suche gehen. Denn sie ist weniger schön als eine andere oder hat einen schlechten Charakter, und selbst wenn sie scheinbar vollkommen ist, bleibt doch bestehen, dass sie nicht jenen Glockenton erklingen lässt, dessen Sehnsucht ich spüre; es bleibt bestehen, dass sie die Worte ›du, mein Gebieter‹ ganz verkehrt ausspricht – diese Worte, die auf den Lippen einer anderen zu einer Musik für das Herz wurden.

Aber schlafe nur getrost in deiner Unzulänglichkeit, du meine unvollkommene Gefährtin. Ich stoße mich nicht an einer Mauer. Du bist nicht Ziel und Belohnung oder ein Schmuckstück, das man um seiner selbst willen verehrt und das mich sofort langweilen würde: du bist Weg und Gefährt und Beförderung. Und ich bin es niemals müde, zu *werden*.«

Nichts in der *Stadt in der Wüste* ist vergleichbar mit dem einfachen Stil des *Kleinen Prinzen* oder dem flehentlichen Ton seiner Briefe an Consuelo. Aber dennoch fügt sich das Werk in einen Rahmen, der alle Schriften Saint-Exupérys umfasst; seine Fähigkeit, die Realität zu überhöhen, indem er beispielsweise seinen Widerwillen gegen die Mauern der Wüste in eine nostalgische Erinnerung an edle Nomaden verwandelt. Wenn er von Consuelo getrennt ist, dann nimmt er an ihr dieselbe Metamorphose vor. Sie wird zu einem Gegenstand beinahe göttlicher Verehrung, die sich mit väterlicher Fürsorge mischt: »Tag und Nacht ängstige ich mich schrecklich um Sie. Ich bitte Sie, schützen Sie sich, sorgen Sie für sich, passen Sie auf sich auf.«

In Algier kamen Antoines Vertrauten Gerüchte zu Ohren, Consuelo lebe inzwischen mit Denis de Rougemont in dessen Wohnung zusammen. Entrüstet setzten sie ihn von neuem unter Druck, er solle sich scheiden lassen. Consuelo nutzte den günstigen Augenblick, um Antoine einen für sie ungewöhnlich langen Brief zu schreiben, in dem sie die verleumderischen Gerüchte zurückweist und ihm versichert, ihre Liebe zu ihm sei immer noch einzigartig und unberührt, und sie sei Tag und Nacht in Gedanken bei ihm. Erschüttert und mit einer wundervollen Liebeshymne dankt er ihr für ihren »außerordentlich bewegenden« Brief. Er wirft sich vor, nicht bei ihr zu sein, um sie zu beschützen: »Consuelo, ich danke Ihnen aus tiefstem Herzen, weil Sie sich so große Mühe gegeben haben, meine Gefährtin zu bleiben. Nun, da ich im Krieg bin und ganz verloren auf diesem riesigen Planeten, habe ich nur einen Trost und einen Stern, und das ist das Licht Ihres Hauses. Kleiner Spatz, halten Sie es rein.

Consuelo, ich danke Ihnen vom Grunde meines Herzens dafür, dass Sie meine Frau sind. Wenn ich verwundet werde, dann weiß ich, wer mich pflegt. Wenn ich falle, dann habe ich jemanden, auf den ich in der Ewigkeit warten kann. Und wenn ich zurückkomme, kenne ich einen Menschen, zu dem ich heimkehren kann. Consuelo, all unser Streit, all unsere Differenzen sind für immer vergangen. Ich bin nur noch eine große Hymne der Dankbarkeit.

Vor drei Wochen war ich in Algier und habe Gide wiedergesehen. Ich habe ihm gesagt, mit Nelly sei alles vorüber, und dass ich dich liebe. Sie haben gegen Nelly und gegen Yvonne [de Lestrange] gesiegt. Weißt du, was ich am meisten bedaure, Consuelo? Dass ich Ihnen den *Kleinen Prinzen* nicht gewidmet habe.«

Und er setzt den Brief mit einer Fabel fort: »Liebste, ich will Ihnen einen ganz alten Traum erzählen, den ich zur Zeit unserer Trennung hatte. Ich befand mich auf einer Ebene in der Nähe von Nizza. Und das Land war tot. Die Bäume waren tot. Nichts besaß Duft oder Geschmack. Und obwohl sich anscheinend nichts verändert hatte, war mit einem Mal alles anders. Die Erde lebte wieder, die Bäume lebten wieder. Alles duftete und schmeckte so intensiv, dass es zu viel, fast zu viel für mich war. Das Leben war mir zu schnell zurückgegeben.

Und ich wusste, warum. Ich sagte mir: ›Consuelo ist wieder zum Leben erwacht. Consuelo ist da!‹ Und du hattest meine Liebe zu allen Dingen wiedererweckt, nur indem du zurückgekommen bist. Consuelo, damals habe ich verstanden, dass ich Sie für alle Ewigkeit liebte.

Consuelo, Liebste, beschützen Sie mich. Schneidern Sie mir einen Mantel aus Ihrer Liebe. Ihr Mann Antoine.«

Praktisch jede Nacht bis zu seinem Tod verspürte Saint-Exupéry das Bedürfnis, Consuelo seiner unerschütterlichen Zuneigung zu versichern.

Mit vierundvierzig Jahren saß er am Steuer eines Flugzeugs und führte völlig unbewaffnet Aufklärungsflüge über dem Osten Frankreichs durch. Manchmal wurde er von deutschen Jägern verfolgt. Seine Missionen führten ihn über die Gegenden, die seinem Herzen am teuersten waren: Lyon mit den nostalgischen Erinnerungen an seine Kindheit im Schloss von Saint-Maurice-de-Rémens, oder die Riviera, wo seine Mutter und seine Schwester Gabrielle lebten. Jeden Tag forderten die Luftabwehr und die feindlichen Jäger neue Opfer unter den französischen und amerikanischen Aufklärungspiloten, die von einer Militärbasis auf Korsika starteten. Antoine sah das unausweichliche Ende kommen und bereitete Consuelo auf das Schlimmste vor: »Kann sein, dass Gott mir irgendwo über Frankreich ein Bein stellt. Dann sollen Sie wissen, dass ich nichts bedaure, absolut nichts, nur, dass ich Sie zum Weinen bringe ... Nichts anderes wird mir Leid tun, denn ich habe nichts zu suchen in diesen Zeiten des Hasses und der Dummheit.«

Zwei Jahre zuvor, als er den *Kleinen Prinzen* schrieb, hatte er Paul-Émile Victor erklärt: »Weißt du, ich könnte nicht leben, wenn meine Handlungen nicht mit dem übereinstimmten, was ich schreibe; und ich schreibe immer das, was ich denke.« Eine wunderbare Maxime voll intellektueller Redlichkeit und ein schöner Nachruf.

Auf seinem Todesflug hatte Saint-Exupéry keine Möglichkeit, sich ein letztes Mal von Consuelo zu verabschieden. Doch er fand, vielleicht durch eine Vorahnung geleitet, die Möglichkeit, ihr ein letztes Zeichen seiner Liebe zu geben, indem er gegen die militärischen Vorschriften verstieß. Als seine Maschine am 31. Juli 1944 in den Fluten des Mittelmeeres versank, trug Antoine am Handgelenk ein silbernes Gliederarmband, in dessen Plakette die Namen Antoine und Consuelo eingraviert waren. Weder das Flugzeugwrack noch die sterblichen Überreste Saint-Exupérys wurden je geborgen; nur das Armband zogen Fischer in ihren Netzen vom Meeresboden herauf. Da hatte sich Antoines Schwur, er werde einst wieder mit Consuelo vereint sein, schon lange erfüllt, denn 1979, neunzehn Jahre vor der Entdeckung dieser postumen Botschaft, war seine Frau ihm gefolgt.

Die anbetungswüdige kleine Consuelo

Wie Consuelo Madeleine Goisot anvertraute, lehnte sie 1945 einen Heiratsantrag von Denis de Rougemont ab – der sich im Übrigen 1952 wieder verheiratete – und verließ New York, um im Triumph nach El Salvador zurückzukehren. Dort entdeckte sie, dass ihr Ruf in ihrer Heimat ans Legendäre grenzte. Man brachte sie auf Regierungskosten in der VIP-Suite des Hotels *Nuevo Mondo* unter, und man bejubelte sie als die »Gräfin« oder die »anbetungswürdige kleine Consuelo«. Ob auf Grund von Missverständnissen oder aus Notwendigkeit, ihre Popularität zu rechtfertigen, schrieben ihr die Zeitungen eine erstaunliche Liste akademischer Leistungen zu, darunter das unvermeidliche Diplom von der Sorbonne, und eine Reihe von Auszeichnungen, unter anderem einen Orden der Résistance.

Im exotischen Klima der Hauptstadt San Salvador wurde sie von einer Presse bestürmt, die begierig nach Nationalheldinnen war und fasziniert von ihrem Ruhm als Muse. Und nicht nur die amtierenden Politiker würdigten sie. Auch der ehemalige Präsident Molina, der ihr fünfundzwanzig Jahre zuvor ein Stipendium gewährt hatte, suchte sie auf und gestand, er habe in ihr sogleich eine außergewöhnliche Persönlichkeit erkannt und sie nie vergessen. Während der Dauer ihres Aufenthalts ließ Consuelo sich bereitwillig das eifrige Werben zweier einheimischer Dichter gefallen, die sie gegeneinander ausspielte – sozusagen eine B-Version des Drehbuchs »Vasconcelos gegen Gómez Carrillo«. Während die Tageszeitungen ihre Eroberungen aufzählten und sie als Alma Mahler Mittelamerikas darstellten, flehte einer ihrer Verehrer, Rodolfito Mayorga Rivas, sie an, ihn als Sekretär einzustellen, und der andere, Lisandro Alfredo Suarez, überschüttete sie mit erotischen Gedichten, die von der Presse aufgegriffen wurden.

Nach Consuelos Abreise wurde die Legende, dass Rodolfo Valentino »der verzehrenden Macht von Consuelos einzigartigem Zauber« unterlegen sei, durch frei erfundene Presseberichte noch weiter aufgebläht. Selbst Gabriele d'Annunzio blieb nicht verschont; die Journalisten machten ihn zum Protagonisten eines verrückten Duells, das sich Eleonora Duse und Consuelo um die Zärtlichkeit des Meisters lieferten und »in dem die Salvadorianerin den Sieg über die Italienerin davontrug«.

Selbst wenn man Consuelos Asthma in Betracht zieht, ist vor diesem Hintergrund schwer zu verstehen, warum sie sich, inzwischen eine Witwe von fünfundvierzig Jahren, zur Rückkehr nach Europa entschloss, wo ihr exzentrischer Lebensstil ihr nur Kritik eintrug. Nach einem kurzen Zwischenaufenthalt in New York kehrte sie im Frühjahr 1946 nach Frankreich zurück und wurde an der Gare Saint-Lazare von ihrer Freundin Madeleine Goisot in Empfang genommen.

Consuelos Zukunft sah trübe aus. Nachdem die Miete für *La Feuilleraie* nicht weitergezahlt worden war, hatte der Besitzer das Anwesen wieder übernommen, und Consuelo hatte keine Wohnung mehr. Eine Zeit lang nahm sie Zuflucht im Hotel *d'Orsay*, doch ihre finanzielle Lage spitzte sich zu, als die französische Regierung sich weigerte, ihr eine Pension als Kriegerwitwe zu zahlen. Schließlich half ihr Gaston Gallimard, ihre Geldprobleme zu lösen, ohne zu ahnen, dass der *Kleine Prinz* kurz darauf zum einträglichsten Buch seines Verlages werden würde.

Um sich über ihre Verbitterung hinwegzuhelfen, verbrachte Consuelo viel Zeit damit, in romanhafter Form die Geschichte ihres Lebens mit Antoine niederzuschreiben und von den großen Enttäuschungen und den Versöhnungen zu sprechen. Der Stil des Buches, das erst spät, im Jahr 2000, unter dem Titel *Mémoires de la Rose* im Verlag Plon herauskam, erinnert an die Mischung aus Realität und Fiktion in *Oppède*. Aber Consuelo hatte kaum eine Möglichkeit, ihre Memoiren so kurz nach dem Krieg zu veröffentlichen. Die Kritik an ihrem Mann passte nicht zu dem Kult des heldenhaften Piloten, den Simone de Saint-Exupéry und Nelly de Vogüé kräftig förderten. Zu dieser Zeit erlebte der Ruf des Autors, begründet durch seinen ruhmreichen Tod und seinen humanistischen Diskurs, einen Höhepunkt. Ein schlechter Moment, um skandalöse Details über einen Mann zu enthüllen, den Alain Vircondelet, einer seiner Biographen, als Opfer seiner »Don-Juan-Leidenschaft« beschreibt.

Consuelos Schweigen wirkte sich nicht zu ihren Gunsten aus. Durch die Biographie Pierre Chevriers, lange Zeit eine unumgängliche Quelle, wurden die Spuren von Antoines Frau rasch verwischt, was Consuelo sehr geschmerzt hat. Marcel Migéo, Autor einer 1958 veröffentlichten Lebensgeschichte Saint-Exupérys, erinnert sich, dass sich Consuelo häufig fragte, warum die literarische Welt sie ignorierte, und er setzt hinzu: »Schließlich hat seine Frau eine wichtige Rolle in seinem Leben gespielt.«

Nur wenige Menschen kennen die traurige oder glückliche Wahrheit der dreizehn gemeinsamen Jahre. Consuelo ist seit fünf Jahren tot, als ihr Erbe eine Sammlung von Briefen Saint-Exupérys versteigern lässt, von denen Nelly de Vogüé den Großteil erwirbt. Insgesamt vermittelt diese Korrespondenz ein ziemlich ungünstiges Bild von Consuelos Einfluss, dem ihre Memoiren zutiefst widersprechen.

Auch wenn die Nachkriegsjahre viele Enttäuschungen und Widrigkeiten für Consuelo bereithielten, so bewies sie doch ganz im Gegensatz zu ihrer scheinbaren Zerbrechlichkeit, welche die Männer anzog, eine bemerkenswerte Charakterstärke. Sie litt nicht nur unter schweren Asthmaanfällen, sondern sah sich auch deprimierenden, juristischen Auseinandersetzungen mit Nelly de Vogüé ausgesetzt, in denen es um Antoines literarisches Erbe ging. Doch schließlich verbesserte sich ihre Lage dank der von Gallimard bezahlten Anwälte. Darüber hinaus erkannte ihr der Staat endlich den Status einer Kriegerwitwe zu und zahlte ihr rückwirkend eine Pension.

Sie fing wieder an zu malen, und eröffnete im Herbst 1948 ihre erste Ausstellung mit Bildern, die zum größten Teil in den Vereinigten Staaten entstanden waren. Auf der Suche nach Linderung für ihr Asthma, führte sie einige Zeit ein Nomadenleben, bis sie schließlich in eine Wohnung in der Rue Barbet de Jouy zog, in der sie schon früher einmal gelebt hatte.

Der Umstand, dass Consuelo während des Krieges nicht in Paris gewesen war, und die Gerüchte aus New York hatten bei ihren Kritikern nicht dazu beigetragen, ihren Ruf zu verbessern. Außerdem entfremdeten sie die diversen Auseinandersetzungen, die sie mit der Familie Saint-Exupéry um die Rechte am Werk ihres Mannes führte, zunehmend von Antoines Freunden. Nur Marie de Saint-Exupéry distanzierte sich niemals von ihr, sondern machte sich im Gegenteil zu ihrer Beschützerin und lud sie zu sich nach Cabris ein, ebenso wie Clara Malraux, die Ex-Frau des Schriftstellers, der inzwischen zum Minister aufgestiegen war.

Marie und Consuelo kamen häufig zusammen, als Letztere ein restaurierungsbedürftiges Haus auf den Höhen von Grasse erwarb und sich dort in der Hoffnung einrichtete, das Mittelmeerklima werde sich vorteilhaft auf ihre Gesundheit auswirken. Das Haus wurde *Mas Saint-Exupéry* getauft, und später entstand hier eine Straße, die den Namen *Boulevard Saint-Exupéry* erhielt. Von dem Anwesen aus erblickt man in der Ferne das Mittelmeer, in dem Antoine an einem Tag Ende Juli verschwand.

Seit den sechziger Jahren widmete Consuelo den

Großteil ihrer Zeit der Malerei, sie verewigte Saint-Exupéry in ihren Skulpturen und hielt Vorträge über sein literarisches Werk. Bei einer Reise in die USA versuchte sie Kontakt zu Vasconcelos aufzunehmen, doch dieser weigerte sich, sie zu empfangen. Sein Sekretär erklärte, er wolle seine Charito in der Blüte ihrer Zwanziger in Erinnerung behalten. Auch Gómez Carrillo forderte einen Teil ihrer Aufmerksamkeit, denn im Jahr 1967 regten die guatemaltekischen Behörden an, in einem Park der Hauptstadt zu seinen Ehren ein Denkmal zu errichten und seine sterblichen Überreste dorthin zu überführen. Consuelo stimmte diesen Plänen zu, allerdings unter der Bedingung, dass man über dem neuen Grabmal eine Reiterstatue ihres zweiten Gatten errichtete; eine Forderung, die die Familie Carrillo ins Lächerliche zog, da Enrique nie auf einem Pferd gesessen hatte. Schließlich musste Guatemala sich mit einer symbolischen Zeremonie zufrieden geben, bei der eine Büste des Schriftstellers enthüllt und an ihrem Fuß eine Hand voll Erde des Pariser Friedhofs verstreut wurde.

Im Alter verschlimmerten sich Consuelos Atembeschwerden so sehr, dass ihr nur noch die Thermalkuren im italienischen Montecatini Linderung verschafften. Sechs Jahre, nachdem sie ihrer Familie in El Salvador einen letzten Besuch abgestattet hatte, starb Consuelo nach einem schweren Asthmaanfall am 28. Mai 1979 in Grasse. Verbittert durch die vielen Spannungen um Saint-Exupérys Erbe, nahm sie postum Rache und hinterließ ihren ganzen Besitz und alle Autorenrechte, eingeschlossen die Saint-Exupérys, ihrem Sekretär José Martinez Fructuoso.

Consuelo hat den lebendigen Beweis geliefert, dass – wie es in einem Sprichwort aus ihrer Heimat heißt – ein gut verwaltetes Liebesleben einträglicher sein kann als eine Hacienda, auf materieller wie auch auf geistiger Ebene. Sie ruht auf dem Friedhof Père-Lachaise neben Gómez Carrillo, dem Mann, der sie reich gemacht hatte. Und auf ihrem Grabstein erinnert die Inschrift »Consuelo de Saint-Exupéry« an ihren dritten Ehemann, der ihr mit der Rose des *Kleinen Prinzen* die Unsterblichkeit schenkte.

DANKSAGUNG

Diese Biographie hätte nicht geschrieben werden können ohne die unschätzbare Unterstützung von Mireille
Dimas, einer Nichte Consuelo de Saint-Exupérys. Ihr
gilt meine tiefe Dankbarkeit, besonders, da sie mir erlaubt hat, bisher unveröffentlichte Fotos der Familie
Suncín abzubilden.

Ebenfalls möchte ich Dr. Francisco Mena Guerrero,
Maruca de Gallardo, Manuel Sorto, Claude Werth,
Maurice Druon und Jacqueline Gury für ihre Mitar-
beit danken, und ganz besonders Lucie Calderón und
Madeleine Goisot erwähnen.

Dank an mein kleines Übersetzerteam – Thérèse
Urrutia, Agustin Lopez-Diaz, Mathilde, Marie Car-
men, Nathalie Reichert und Fernand Fernandez –,
die mir ohne zu zögern ihre Zeit geschenkt und mir
geholfen haben, die zahlreichen spanischen Dokumente zu entziffern. Auch Jérémie Lennard möchte
ich meine Dankbarkeit für ihre Übersetzungen zum
Ausdruck bringen, für die enorme Arbeit und die
Liebenswürdigkeit, mit der sie immer für mich da
war. Schließlich noch ein Dank an Aldo Lauria
Santiago, Dozent in Worcester, Mass., für seine
Recherchen zur Geschichte El Salvadors. Und einen

herzlichen Gruß an meinen Herausgeber, Bernard Lefort, der stets ebenso präsent wie geduldig war.

BIBLIOGRAPHIE

BARRIENTOS, Alfonso, *Enrique Gómez Carrillo*, Guatemala, 1979.

BRUYÈRE, Stacy de la, *Saint-Exupéry*, Albin Michel, 1994.

CATE, Curtis, *Antoine de Saint-Exupéry: Sein Leben und seine Zeit*, Edition Sven Erik Bergh, 1973.

CHADEAU, Emmanuel, *Saint-Exupéry*, Plon, 1994.

CHEVRIER, Pierre, *Antoine de Saint-Exupéry*, Gallimard, 1949.

CHEVRIER, Pierre, *Saint-Exupéry*, Essai, Gallimard, 1959.

CHIARO, Pietro, *Vita di G. D'Annunzio*, Mondadori, 1978.

D'ANNUNZIO, Gabriele, *Trionfo della Morte*, Mondadori, 1940.

DESCHODT, Éric, *Saint-Exupéry*, Lattès, 1980.

ICARE (Air France Revue), 1974-1981.

KESSEL, Patrick, *La Vie de Saint-Exupéry*, Gallimard, 1954.

LARS, Claudia, *Tierra de infancia*, UCA, El Salvador, 1974.

MIGÉO, Marcel, *Saint-Exupéry: Sein Leben*, Wunderlich, 1960.

PERSANE-NASTORG, Michèle, *Marie de Saint-Exupéry*, Robert Laffont, 1995.

RÉMENS, Simone (Saint-Exupéry) de, *Météores*, Taupin (Hanoi), 1943.

ROUGEMONT, Denis de, *Journal d'une époque*, Gallimard, 1968.

ROUGEMONT, Denis de, *Die Liebe und das Abendland*, Diogenes, 1987.

SAINT-EXUPÉRY, Catalogue d'exposition, Archives nationales, 1984.

SAINT-EXUPÉRY, Consuelo de, *Oppède*, Brentano, 1945.

SAINT-EXUPÉRY, Consuelo de, *Die Rose des »Kleinen Prinzen«, Erinnerungen an eine unsterbliche Liebe*, Marion von Schröder, 2001.

TAVERNIER, René, *Saint-Exupéry en procès*, Pierre Belfond, 1967.

VASCONCELOS, José, *La Tormenta*, Mexico City, 1936.

VIRCONDELET, Alain, *O Consuelo*, Éditions du Chêne, 2000.

INHALT

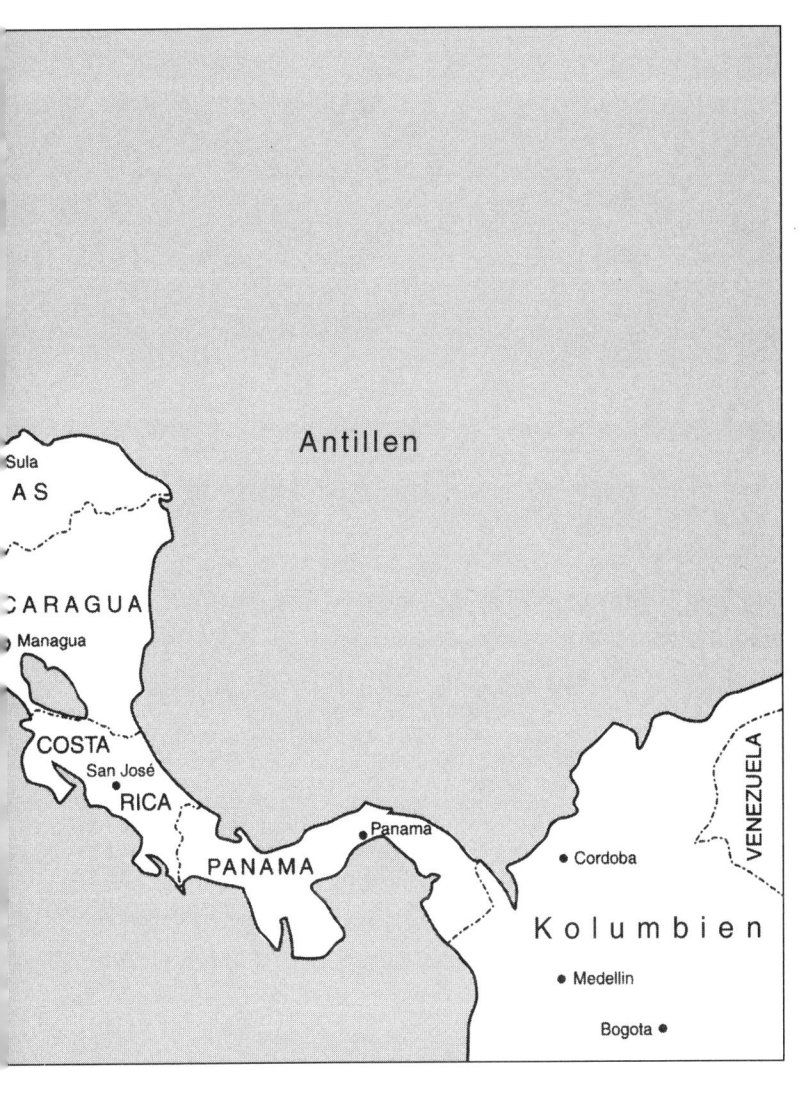

Sula

A S

CARAGUA

Managua

COSTA

San José

RICA

PANAMA

Panama

Antillen

Cordoba

VENEZUELA

Kolumbien

Medellin

Bogota

Liebe – Protest – Phantasie

Kompromißlos und fordernd, absolut und knallbunt – das sind die Riesenweiber, die Nanas der Niki de Saint Phalle. Sie löste sich von allen gesellschaftlichen Zwängen, um bedingungslos Künstlerin zu werden. Die Kunsthistorikerin Monika Becker zeichnet ein einzigartiges Porträt dieser außergewöhnlichen Frau, deren Skulpturen die Welt erobert haben.

»Ein faszinierendes Lesestück«
Journal für die Frau

Monika Becker

**»Starke Weiblichkeit entfesseln«
Niki de Saint Phalle**

Die Biographie

ISBN 978-3-548-60574-6

List Taschenbuch

»Detailreich und mit viel Zeitkolorit kann man auf Schillers Spuren wandeln – bis hinein ins Schlafzimmer.« ntv

Liiert war Friedrich Schiller mit Charlotte – aber deren Schwester Caroline war stets mit von der Partie. Das Liebesleben des Dichters war eine Dreiecksgeschichte par excellence, voller Emotionen und Turbulenzen. Kirsten Jüngling und Brigitte Roßbeck ermöglichen mit diesem reizvollen Doppelporträt einen völlig neuen Zugang zu Schillers Persönlichkeit. Ein Lesevergnügen auf höchstem Niveau – lebendig erzählt.

Kirsten Jüngling/
Brigitte Roßbeck

Schillers Doppelliebe

Die Lengefeld-Schwestern
Caroline und Charlotte

Mit zahlreichen Abbildungen

ISBN 978-3-548-60650-7

List Taschenbuch